>>>>>> 多元智

[美]霍华德·加德纳　[美]大卫·亨利·费尔德曼
[美]玛拉·克瑞克维斯 /丛书主编

多元智能理论与儿童的学习活动

陈杰琦　[美]埃米勒·艾斯贝格　[美]玛拉·克瑞克维斯基 /编

何　敏　李季湄 /译

PROJECT SPECTRUM:

EARLY LEARNING
ACTIVITIES

北京师范大学出版集团
BEIJING NORMAL UNIVERSITY PUBLISHING GROUP
北京师范大学出版社

版权声明

　　本书中文版权已经美国哥伦比亚大学教师学院出版社授权，准许北京师范大学出版社出版发行。

　　北京市版权局著作权合同登记图字：01-2001-1000 号

图书在版编目（CIP）数据

　　多元智能理论与儿童的学习活动/陈杰琦，（美）艾斯贝格，（美）克瑞克维斯基编；何敏，李季湄译. —北京：北京师范大学出版社，2015.6（2024.5 重印）
　　（多元智能丛书）
　　ISBN 978-7-303-18908-3

　　Ⅰ.①多… Ⅱ.①陈… ②艾… ③克… ④何… ⑤李… Ⅲ.①儿童教育-教学法 Ⅳ.①G612

　　中国版本图书馆 CIP 数据核字（2015）第 079195 号

图书意见反馈：gaozhifk@bnupg.com 010-58805079
营销中心电话：010-58802181 58805532
编辑部电话：010-58808898

DUOYUAN ZHINENG LILUN YU ERTONG DE XUEXI HUODONG
出版发行：北京师范大学出版社 www.bnupg.com
　　　　　北京市西城区新街口外大街 12-3 号
　　　　　邮政编码：100088
印　　刷：三河市兴达印务有限公司
经　　销：全国新华书店
开　　本：710 mm×1000 mm　1/16
印　　张：25
字　　数：360 千字
版　　次：2015 年 6 月第 1 版
印　　次：2024 年 5 月第 7 次印刷
定　　价：48.00 元

策划编辑：叶　子　罗佩珍　　责任编辑：戴　轶
美术编辑：焦　丽　　　　　　装帧设计：焦　丽
责任校对：陈　民　　　　　　责任印制：陈　涛　赵　龙

中文版序言

霍华德·加德纳　大卫·亨利·费尔德曼

很荣幸,我们和我们的同事们在多彩光谱项目中所取得的工作成果被译成中文,即将与广大的中国读者见面。在此,让我们首先对翻译者们的辛勤劳动表示感谢。

多彩光谱项目是在美国的文化背景下进行的,是对美国早期儿童教育中的一些迫切问题而做出的反应。但是,我们希望这一针对美国的问题而做出的努力同样能让中国的同行们、教师们、家长们以及决策者和孩子们获益。

我们认为,在美国,对教育成功与否的评价过分地依赖心理测试和标准化测量。而且,这种把标准化学业课程和具有同样倾向的标准化测验推向学前教育的压力正与日俱增。教育系统成了筛选机器,人们经常以一个标准评价学习,并看谁适合这个标准才让谁受教育。

多彩光谱项目力图倡导一种完全不同的方法,让教育去发掘每一个儿童的特点,适应他们的能力水平,并使他们得到最大限度的发展。这是儿童早期教育的一种重新定位,因为它强调每一个儿童独特的、与众不同的能力;重视以系统的方式,在自然的环境里观察、了解、评价儿童的学习和发展;并提倡把这种方式融入幼儿园教室里每天的日常活动中去。多彩光谱项目的经验证明,所有这些理念、思想都是可操作的。

尽管我们知道中国的情况与美国盛行的做法有着巨大的差异,但是,我们希望多彩光谱项目的工作及其指导思想能引起中国读者的兴趣。除此之外,我们还希望通过本书的中文版,进一步促进中美之间在早期儿童教育和儿童发展方面的观点、经验的交流。

译者序 ^{YIZHE XU}

多元智能丛书——《多元智能的理论与实践：让每个儿童在自己强项的基础上发展》《多元智能理论与儿童的学习活动》《多元智能理论与学前儿童能力评价》——是美国哈佛大学著名的零点工程项目的一个子项目，即多彩光谱项目研究成果的总结。

多彩光谱作为项目的名称，象征着每个儿童智能、风格、潜能所表现出的广泛的多样性。该项目从 1984 年开始，历时 9 年，它致力于将美国图佛兹大学费尔德曼教授的非普遍性发展理论和哈佛大学加德纳教授的多元智能理论运用到教育实践中去，开发一套与传统的标准化测试不同的、与多元智能理论相适应的儿童智能评估工具和发展儿童多元智能的活动系列。

《多元智能的理论与实践：让每个儿童在自己强项的基础上发展》一书阐述了多彩光谱的理论基础，同时也对实践进行了回顾与反思。

多彩光谱的理论基础是两种不同于传统的认知发展理论，即多元智能理论和非普遍性发展理论。

费尔德曼教授的非普遍性发展理论挑战了"智能发展是必然的，每个儿童无论其背景和经历如何，其智能都能得到相同的发展"的观点，扩展了发展心理学的认知发展观，使发展心理学能更好地包含一些并非自发地而必须有个体的努力和外部的支持（如某种教育）才能出现的认知变化。费尔德曼认为，人的发展范围可以由普遍领域到独特领域，在普遍性领域的发展是人人都可以达到的，而在独特性领域，就并非人人都能达到完全相同的发展，因为这需要个体特殊的条件和持续的外部支持（如教育）。多彩光谱项目观察了儿童在普遍和独特领域的智能，当然，"不是为了发现 5 岁的自然学家或诗人，不过是想了解在儿童早期，诸如对自然的不同寻常的敏感或对语言的富有表现力的运用等智能是如何展现出来的"。

加德纳教授的多元智能理论已为我国广大教育工作者所熟悉。他和费尔德曼教授一起，对已有的智能观提出了挑战。比如：为什么智商可以预测儿童在学校的学习成绩，却难以预测人在社会中是否能有所成就？跨文化研究的结果表明，智力的发展和表现都因文化而异，那么无视文化差异的智力评价标准是否合理？智力的判断是否应当考虑个人也考虑社会和文化？从个体发展史看，皮亚杰的四个发展阶段是以儿童数理—逻辑思维为关注对象的，但这些发展阶段是否也适用于儿童在非数理—逻辑思维领域里的发展？不同的知识领域使用不同的符号系统，需要不同的操作机制。例如，空间认知能力对视觉艺术是必不可少的，而声音高低的区分能力则是音乐欣赏和创作的前提之一，这些不同领域的学习是否可以相互迁移？如果答案是否定的，那么一个统一的智商是否能准确表达个人的智力？等等。在研究的基础上，加德纳提出了一个新的智力定义，即"智力是在某种社会或文化环境的价值标准下，个体用以解决问题、生产和创造成果所需的能力"。他指出，人类所有个体都至少拥有七种相对独立的智能，即语言智能、数理逻辑智能、视觉空间智能、音乐智能、身体运动智能、人际交往智能、自我认识智能等（后来增加了第八种智能，即自然认识的智能），每一种智能都有自己的符号系统和解决问题的方法。当然，正如加德纳教授所说，重要的不是七种或者八种、九种智能，而是一种多元地认识、理解和研究智能的方法。而传统智能观却认为智能是一种单一的能力。

两位教授的理论都共同关注人类智能的多元本质，都承认生物潜能和在文化环境中的学习机会之间互动的重要性，都相信人类文化不仅仅影响，而且积极地建构着个体的发展，都承认儿童智能的差异和特殊性，以及个体在不同领域中其认知能力发展的非同步性，等等。正如费尔德曼教授在《多彩光谱的起源》一文中所介绍的那样，多元智能理论和非普遍性发展理论共同构筑了多彩光谱项目活动及评估领域的理论框架。

书中描述了多彩光谱的实践——开发不同于传统测试的智能评估工具；发现并培养那些学业困难儿童的智能强项来帮助他们改善学业成绩；把教室拓展到社区，利用广大社区资源为儿童创设"共鸣"的学习环境（包括将儿童在博物馆与在教室里的学习经验联系起来；邀请适合于儿童的兴趣和智能强项的专业人士所组成的顾问团到教室帮助教学）；等等。另外，书中还列举了四个通过不同方式运用多彩光谱的实例，通过这些实例，可以领略到多彩光谱教室（学校）的典型特征。在该书的最后，由加德纳亲自执笔，对实践进行了总结和反思，提出了多彩光谱所起的桥梁作用——例如在理论与实践之间、在教师与研究者之间、在学校与社区之间、在儿童的智能强项与其需要掌握的课程学习技能之间等，都通过多彩光谱项目而将它们连接起来。

《多元智能理论与儿童的学习活动》和《多元智能理论与学前儿童能力评价》两书则在上述理论的基础上，在语言、数学、运动、音乐、科学、机械和构建、社会理解、视觉艺术八个领域分别为学前和小学低年级儿童设计和开发了比传统早期教育方案更能广泛地触及儿童认知能力和风格的活动系列和评估方法。

在《多元智能理论与儿童的学习活动》一书中，共提供了八个领域的一百多个活动，平均每一领域都有 15～20 个活动，活动中既有自由游戏，又有结构性活动；既有以儿童为主的小组活动、大组活动，又有教师指导的小组活动、大组活动。而且，在每个领域的活动前面都列出了决定成功的"关键能力"，这些关键能力均是经过实验研究、文献查阅或与专家商讨而确定的。例如，科学领域的观察技能、区分相似和不同、假设和验证、对自然现象的兴趣等；运动领域的身体控制、表现力、运动创意、律动能力等。每一个活动还列出了目标、核心要素、材料、步骤，结尾还有注意事项以及将活动多样化、修改、扩展的建议等。可以说，该书为教师了解和发展儿童的智能强项提供了操作性极强的方法和十分便捷的途径。特别值得一提的是，该书强调与家长共享有关儿童智能强项的信息和培养的方法等，因此在每一章末尾都附有"带回家的活动"，还给家长提出了和儿童一起活动的建议和必要的方法。

在《多元智能理论与学前儿童能力评价》一书中，设计了一套依据更宽阔的智能观展现儿童智能多样性的评估方法。这套方法和评估材料的特点是：它用一系列涵盖各个领域的、与儿童日常生活联系的学习活动，让儿童真实地完成任务，在此过程中来识别和培养儿童，特别是那些面临学业失败的儿童的智能和兴趣，为教师发现、确认儿童的智能强项，尤其是他们在音乐、运动、机械以及其他一些通常不被重视的领域的智能，提供充分的正面信息。例如，让儿童像电视记者一样进行采访来展现口语技能；通过写信或在班级报刊上"发表"诗来展现书面语言技能；通过玩恐龙游戏、计算上下公共汽车的人数来展现数学能力；等等。另外，该书除了关注儿童的智能特点之外，还在实验观察的基础上列出了一张"活动风格观察表"，以反映儿童在某一领域中与材料的互动方式和个性特点。当然，多彩光谱评估方法并不意欲取代智能的标准化测试，它的目的只是尽量扩展儿童智能概念的范围，提供一个在广阔领域内评价智能的实用技术，改变那种不考虑人所处的环境和文化，总是孤立地、与人所从事的实际社会活动相分离地进行评价的方法。

大量来自教师的反馈证明，本书中编录的评估方法给教和学带来了重要的变化。这种更具自然性的评估形式指出了儿童不同于他人的能力和个性化的学习方式，从而成为教育改革的有力工具。它帮助教师在更广阔的范围内，更多样化地观察、了解儿童的智能结构特征和强项，从而为调整、扩展课程，开发个别化教育方案打下了基础。"活动风格观察表"也为教师进行个别化指导提供了科学的根据。例如，如果识别出儿童在某些领域中有信心、很主动，那么就把监控降低到最小限度；而如果儿童容易分心，那么就设计能较快完成的活动。多彩光谱让儿童能够在广泛的学习体验中充分地发展自己的潜能和兴趣，特别是发现自己被传统评估工具所忽略的强项，从而获得成功感、积极的自我认同感和对学习的积极情感。

目前，我国的基础教育正在进行一场重大的改革，《幼儿园教育指导纲要（试行）》和新颁布的《3～6岁儿童学习与发展指南》也正在实施。如何改革课程、改革传统的教与学的方式，更加全面、深入地推进以儿童发展为本的素质教育，如何帮助每一个儿童实现其富有个性的发展，如何评价儿童的能力和学习效果……成为每一个教师、家长乃至全社会都共同关心的问题。不难看到，建立在多元智能理论基础上的多彩光谱的研究成果在某种程度上给了我们解答这些问题的钥匙——它所倡导的多元的、开放的、尊重文化差异和个体差异的、重视实践效果的智能观和教育理念给我们以深刻的启迪；其开发的活动和评估方法提供了大量有价值的、可操作的经验和策略。这些具体而实用的内容和方法不仅能够帮助教师更全面、更深刻地认识每个儿童的能力特征，提高发展性教学、个性化教学的技能，还能让那些在传统评估中没有优势可言的儿童得以发现自己的智能优势，重塑自尊和自信，大大减少学业失败的可能性。

多彩光谱项目的成果充分表明，对智能本质的不同理解会产生完全不同的教育观念和教育实践。那么，我们有理由相信，多彩光谱及其所依据的多元智能发展理论将给我们的教育理论和实践带来新的生机和活力，将促进我们更深入地改革传统的教育观念和教与学的方式——这正是我们翻译这套丛书的目的。

译　者
2015 年 3 月

目

录

MULU

一、 多彩光谱项目一瞥

东尼进入小学一年级才三个月，就让教师无计可施。他不识字，不会加法，不能完成教师布置的活动。教师为他补课多次后，仍然认为他需要重读。

他的同学查理不仅在所有学科领域表现都很差，而且厌学。面对任务，查理常常呆呆地盯着纸，或靠在椅子上开始捣蛋。

而琳达，在开学初还很不错，学简单加法单元时进步也很快，但一进入减法单元就不行了，她不会做作业，而且作业的错误也很多。

东尼、查理和琳达在一个社区公立小学就读，大多数的传统测试都表明，他们在学校里是很失败的。然而，他们在其他领域(如音乐、运动、视觉艺术领域)有没有特长呢？如果能用一种新的评价手段识别出那些不被学校重视或标准化测验所测不出来的能力的话，这些儿童的测试结果又会怎样呢？

1989—1990 年间，东尼、查理和琳达三人参加了多彩光谱项目评价活动。该项目由图佛兹大学的费尔德曼教授和哈佛大学主管零点工程的加德纳教授负责，是与 Somerville、Massachustees 公立学校合作的研究课题。该研究试图发现一年级中被认为是"学业失败"的儿童是否具有一些智能强项，以及对这些智能强项的培育能否帮助他们改善学业表现等。

研究的结果如下：东尼在拆卸、装配研磨机任务中比班上其他任何同学都棒，他还能把极少有儿童可以装配的油泵装配起来。发现他在此方面的能力之后，教师花了 3 个晚上设计出一个装配区，设置在教室里，并让东尼担任班级的"专家修理员"，这使东尼在学校里第一次体会到了成功感和自我价值感。

注：本部分作者为陈杰琦、埃米勒·艾斯贝格(Emily Isberg)和玛拉·克瑞克维斯基(Mara Krechersky)。

查理在故事板活动中显示出了讲故事的天赋。虽然学校一般都比较重视语言能力，但更多强调的则是书面表达。因此，查理的口头表达能力被忽视了。于是查理的教师让他和同学建立自己的故事板，同时也吸引了一些通常对书面语言不感兴趣的儿童参与这些活动。

琳达在公共汽车游戏中突然理解了减法。在此游戏中，一辆玩具车沿途停靠各站点，在各站点有上车、下车的乘客，儿童必须始终记住车上的乘客数。琳达在用木棒代表上车和下车的乘客时，突然自语道："这一根拿下来吗?"自此以后，她的减法作业好多了，说明她开始真正"懂了"。

这些事实让我们相信，多彩光谱项目的评价方法不仅可以用来识别儿童的强项，而且还可以将他们吸引到学校课程中来。在前述的每个案例中，教师运用她对儿童能力或兴趣的新发现，调整自己的课程计划，例如，给东尼在教室里增添一个新的学习活动区，为查理提供口头表达的机会，让琳达更多地用操作材料来阐述基本的数学概念等，满足了儿童的需要。同时，在教师扩展其教学的过程中，全班有着类似兴趣和学习风格的儿童也都会从中获益。

二、　早期研究

多彩光谱项目研究开始于 1984 年。该项目希望为学前和小学低年级儿童开发出一种新的评价方法和课程。其基本信念是：每个儿童都有不同的智能组合，材料和活动丰富的教育机会与环境能加强而不是决定儿童的这些智能。一旦确认了儿童的智能强项，教师就可以根据这些信息为儿童设计个别化的教育方案。

此方法源于费尔德曼和加德纳的理论著作。加德纳在其 1983 年出版的《智能的结构》一书中向传统的心理学智能观提出了挑战。他提出，所有的个体都至少拥有 7 种相对独立的智能——语言、数理逻辑、音乐、空间、身体运动、人际关系、自我认识，每一种智能都有自己的符号系统和解决问题的方法。而传统智能观却认为人的智能是一种单一的能力。

费尔德曼的非普遍发展理论是在其《超越认知发展的普遍性》(1980)一书

中提出的。他对"智能发展是必然的，每个儿童无论其背景和经历如何，其智能都能得到发展"的观点提出了质疑，认为人的认知结构是逐步建立的，且在不同领域是相互独立的，认知结构的建立需要持续的操作和有利的环境条件。

该项目头 4 年的目标是开发出一些评价学前儿童认知能力的新工具。为此，我们开发了一套评价活动（见《多元智能理论与学前儿童能力评价》一书）。相对传统的评价工具，这些评价活动不需要文字描述，因而能在更广阔的范围内直接标识儿童的认知能力和认知风格。

项目实施的第 5 年，在考察以上评价技术对年龄稍大、面临学业失败儿童（幼儿园和小学一年级）的适用性基础上，我们与学校合作，发展了一系列适龄的、有效的活动。研究表明，这些评价技术能够有效地识别儿童的相对智能强项。

1990 年，我们开展了学习活动区项目，以考察多彩光谱项目是否可以运用在公立学校内，以促进儿童的学业成功和学校适应。为此，我们与学校合作，以评价活动为起点，在 8 个领域（语言、数学、运动、音乐、科学、机械和构建、社会理解、视觉艺术）收集、开发了很多学习活动。设计这些活动不仅仅是为了识别儿童的智能强项，也用来引导儿童学习学科领域中的一些基本技能和工具（如音乐中对音高的辨别、科学中的观察技能等）。这些活动一般是在学习活动区，如自然科学角、木工角里开展，儿童能够使用富有刺激的材料进行活动或独立探索。教师每个星期至少两次开放学习活动区，每次至少 2 个小时。在儿童活动过程中，教师仔细地观察儿童的操作，记录儿童的表现，并在研究人员的帮助下，根据儿童的强项和兴趣调整课程与活动设计。

在对 15 个被认为是学业失败儿童的观察中，我们通过学习活动区，发现了其中 13 个儿童的强项，他们在技能领域操作时显示出来的热情、自信与合作是教师以前从未见过的。教师们也因为对儿童强项的了解而受益匪浅。由于获得了有关这些学业失败儿童越来越多的正面信息，教师能更好地引导他们学习，每个教师都能创造性地设计出自己的一些方法，把儿童的强项和其他领域的学习联系起来。

另外，我们还设法把多彩光谱项目扩展到学校之外。我们充分利用不同学习环境的特点，与儿童博物馆和一个学前班合作开发了以教室为基础，与博物馆展览互动的活动组合。同时，我们还建立了"辅导教师"方案，使儿童有机会同某个领域里优秀的或有兴趣的成人合作活动。例如，我们聘请了10个"辅导教师"（包括公园管理员、城市规划员、音乐家、诗人等），请他们每星期到教室来访一次，开展他们与多彩光谱项目研究人员共同设计的活动。

9年的实践证明，具有一定理论基础、强调承认并培养儿童各种认知能力的重要性的多彩光谱项目具有广泛的应用性。这种方法已经给教师的教和学生的学带来了重要的变化。因此，我们认为，不宜把多彩光谱项目看作是具体的方案或一套活动。

三、 理论框架

(一)把活动纳入理论背景中

我们不能只关注活动本身，而看不到活动背后的理论框架，单纯的活动决不能代替我们为解决幼儿园和小学一年级儿童的基本技能方面的问题而设计的一整套方法体系。我们最好把多彩光谱项目看作是搭建桥梁的一种方案：在儿童的求知欲和学校设置的课程之间、在儿童的智能强项和学校所要求的智能之间、在课堂学习和外面世界之间建起桥梁。活动只是帮助教师和儿童的简单工具之一。

大量来自教师的反馈表明，本书编录的活动有助于教师观察儿童，捕捉他们的需要。我们希望教师能以此来补充自己的课程，扩展自己以前未曾涉及的课程领域，并把教学和评价结合起来。这些活动还有助于教师开发、寻找途径，来帮助那些不适应传统的、以语言为中心的教育方法的儿童。在运用过程中，我们鼓励教师根据自己的情况、教学风格和课堂组织对这些活动进行相应的调整。

本书中的部分活动由研究人员编制，其他大多数都来源于现行课程，所以教师不必脱离原有的课程而重新开始。他们可以在原有实践的基础之上，运用多彩光谱项目的视角进行教育。对此，我们将做详细的说明，希望能为教师如何重新审视那些熟悉的、由经验证明是不错的活动提供范例，让教师更了解儿童，帮助儿童对学业投注更多的热情，甚至为他们的学业而骄傲。

另外，本书中的各个活动不是孤立的，要把它们纳入一个包含四个步骤的体系中加以考虑，这四个步骤是：第一，引导儿童进入多领域的学习活动区；第二，识别儿童的智能强项领域；第三，培育儿童的智能强项；第四，建立儿童的智能强项与其他学科领域及学业表现之间的联系。

(二)引导儿童进入多领域的学习活动区

根据多元智能理论，所有个体身上都蕴藏着每一种智能的潜能，但或许由于遗传和环境的影响，这些智能的发展程度存在差异。丰富的教育经验对于个体特定兴趣和能力的发展具有举足轻重的作用。一些学业上有困难的儿童，未必在所有领域都缺乏能力，他们也许像东尼一样，在组装活动中或者在其他活动中能表现出能力来。多彩光谱项目就是要给他们提供与那些有语言和数学逻辑智能的儿童同样多的机会。

有趣的是，一些被学校忽视的智能(如身体运动、空间、人际智能等)对于职业却是非常有价值的。比如，不只是运动员才需要用运动技能来解决问题(当然也以此挣得薪水)，其他职业如装配工人、外科医生、演员、雕刻家、木匠、技师等都需要运用运动技能。又如，一些职业需要有高度发达的空间技能，如飞行员、建筑师、工程师。人际智能是一些职业，如教师、营销员所需要的核心素质，但理解、合作、商谈、说服可以说是取得任何成功的关键。显然，如果我们的教育承认并培育各种智能，受益的将不仅仅是儿童个体，也包括整个社会。

在多彩光谱项目中，儿童通过参加各种各样真实的任务而进入多种广阔的领域。我们采用"最终状态"的概念，强调成功的成人角色所需要的技能、能力。例如，儿童可以像电视记者一样通过采访来发展口语技能，可以通过写信或在班级报刊上"发表"诗来发展书面语言技能，这样儿童就能把课堂所学的技能与日常生活联系起来。

多彩光谱项目有计划地把儿童引入8个知识领域：语言、数学、运动、音乐、科学、机械和构建、社会理解和视觉艺术。根据加德纳的7种智能和费尔德曼的智能非普遍发展理论，我们在小学低年级提出了以上8个知识领域，并根据学校课程对学习活动区做相应的调整，以便教师能把活动整合在自己的课程计划中。

智能与知识领域这两个概念虽然相关但有所不同。智能是在特定的文化背景下或社会中解决问题或生产产品的能力，它是一种生物潜能，但在一定程度上受文化和教育的影响。而知识领域是文化中的知识体系，如数学、艺术、体育、医学等。个体在某个领域的表现需要多种智能的配合。例如，儿童在音乐活动中玩手制的乐器，需要运用音乐和运动两种智能。同样，某一种智能可能表现在多个知识领域。例如，儿童在用杠杆移动物体(机械和构建)或是用金属线进行设计(视觉艺术)时，都需要运用到同一种智能——空间智能。

设计学习活动区是为了给所有儿童在全部8个领域进行探索的同等机会。一些儿童在直接操作材料时可能会显示出在纸笔测验中没有显现的智能，例如，匹配音高的能力或是建造高塔的能力。而另一些儿童也许在家里从没用过彩笔，从没搭建过积木，那么这些材料的提供将使他们有机会涉足新的、也许是他们本来非常喜欢或擅长的学习领域。

有些教师反映他们的学校没有足够的资金购买本书中所建议的材料，我们建议这些教师可以集中选择那些"填补空缺"的活动和材料，让儿童有机会探索那些以前从没有涉足过的领域。另外还可以请家长捐献材料，如不用的计算器或塑料瓶罐等。还可以从回收站、儿童博物馆、当地的商家以及打折的商店等处寻求援助。需要强调的是，材料是否有效并不仅在材料本身，关键是当儿童积极地操作时，教师应如何使用材料观察、洞悉他们。

还有些教师提出，他们不太明白采用多彩光谱项目的课堂和采用其他一些优质的理论或发展适应性理论的课堂有何区别。应当说，这两种类型的课堂有着一些共同的特点，如丰富的操作材料、不同的学习活动区、强调学生的选择等。不过,多彩光谱项目突出的是其内容涵盖各个领域,而且关注儿童的强项领域及其兴趣的确认和培育。在多彩光谱项目框架的指导下,教师可以在更广的范围内、更多样化地了解儿童。

(三)识别儿童的智能强项领域

如果有个儿童在课堂上总是哼歌,一个教师也许会想:"多吵啊,为什么他就不能把注意力放在学习上,不干扰别人呢?"而另一个教师却想:"他好像对音乐很感兴趣,也许把数学游戏配上音乐,或用一首歌来开始上课效果会更好。"第二位教师不是完全盯着儿童的缺点或不足,而是尽量地识别、培育儿童的强项,这正是多彩光谱项目所提倡的一个基本思想。我们相信,不论是相对于整个班级,还是相对于自己的其他智能,每个儿童都有自己相对的强项。

教师既可以通过正式的评价,也可以通过非正式的观察来识别儿童的强项。儿童的学习是一个持续的过程,评价也应如此。当评价自然地蕴含在学习中时,教师就可以长期地观察到儿童在各种情境中的表现,从而获得有关儿童能力的多方面信息,记录下儿童在某个领域或是跨领域中的动态变化,从而对儿童智能结构进行更为准确的描述。

在多彩光谱项目中,教学和评价是交织在一起的。由于儿童来自不同的环境,有着不同的教育经历,因此教师在评价他们完成某项任务的能力的同时,也在评价着他们对主题材料的熟悉程度,评价着他们在此领域的先前经验——一个对艺术材料没有什么经验的儿童不可能在艺术区表现出优势。正因为此,把儿童引入某个领域时,要给他们一定的时间自由探索,尝试使用材料,然后再开展结构性强一点的活动和进行教学或评价。当儿童对工具和材料熟悉以后,教师应持续地对儿童进行观察。

实际上,许多教师一直都在通过非正式的观察收集有关儿童的各种信息,但他们并不总是很清楚自己的观察,因而相关的观察结果也很少被应用到教学设计中。多彩光谱项目强调教师要在特定领域进行观察,从而获得更为有效的信息。例如,不是只笼统地观察儿童的精细动作技能,而是确定儿童的精细动作技能在写字或建构中有何不同；不是简单地看儿童是否与同学玩，而是更密切地观察儿童在群体游戏中所担任的社会角色（如担任领头人还是帮手）等。

为帮助教师进行特定领域的观察，我们在每个领域都开发了一套"关键能力"。我们试图确认每个领域中那些保证成功的关键性能力。例如，数学领域中的数理推理能力和解决逻辑问题的能力最为关键，而运动领域中则更强调身体控制和律动能力等。本书每一部分开头提出的关键能力是在大量研究、文献查阅以及与专家商讨的基础上提出和确定的。

在学习活动区中，教师可以通过儿童显示的兴趣和能力来确认儿童的强项。根据儿童选择某个学习活动区的频率以及参加时间的长短来判断其对此领域是否有兴趣，而对能力的评价则是考察其"关键能力"。了解了儿童的"关键能力"，教师既可以对儿童在某个领域中所表现出来的能力水平进行观察和评价，也可以结合其"关键能力"，对儿童的活动成果或作品进行评价。

"关键能力"还可以运用在其他方面，如通过分析儿童的文件夹来撰写有关报告或开家长会。例如，教师不是简单地说："汤姆在画画方面取得了进步"，而是根据一系列的艺术特性，如颜色的使用、具象技能等（参见音乐活动部分）对汤姆的艺术作品进行评价和说明。

在评价过程中，我们除了识别儿童的强项以外，还应观察他们的"活动风格"。活动风格是指在特定领域中儿童与材料的互动方式。比如，儿童在操作材料时，可能表现出是坚持、有信心的，或是容易分心的。活动风格指向的是儿童活动的过程维度，而非活动的产品。表 1 是多彩光谱项目制定的一张用于确定学前儿童活动风格的观察表。

我们的研究结果显示，儿童的活动风格可能因领域而异：一个在科学领域有强项的儿童在做实验时表现出惊人的耐心，而在跳房子游戏中却极容易受挫。分析儿童对某个任务为什么产生困难——究竟起因于活动风格，还是因为任务本身，将有助于教师进行个别化的指导。例如，教师可能识别出儿童在某些领域十分主动，就应把监控降低到最小限度；如果发现儿童容易分心，教师就应设计一些能够很快完成的活动等，从而帮助儿童从活动中受益。

(四)培育儿童的智能强项

一旦确认了儿童的强项领域后,教师应提供必要的帮助来加强和培育这些强项。许多接受发展适宜性教学理论的教师承认儿童发展存在着个体差异,并力图建立"儿童的课堂",使儿童在一定程度上能够按照自己的进度学习。他们在日常教育中安排儿童的自由活动时间,让儿童根据自己的兴趣选择活动;采用开放式的作业(如编写、讲述故事,用牙签进行构造等),使能力不同的儿童都可以成功地完成;为儿童提供大量可用的材料,例如,在阅读区放置不同难度的书,以便儿童能根据自己的阅读能力加以选择。

多彩光谱项目鼓励教师在此基础上再前进几步,使课程更适合班上儿童的兴趣和能力。举例来说,儿童并不只是从可用材料中进行选择,他们还可以影响教师对材料的提供。例如,当某个儿童在机械学习活动区中显示出特别的兴趣和特长时,教师就可以提供更多的工具和机械、建构性的材料,以鼓励其进一步探索。凭借对儿童"关键能力"的指导,教师可以开发相应的活动,发展儿童特定的能力、知识和技能。

教师还可以采用其他的策略来扩展儿童的技能,并帮助儿童体验成功。例如,可以邀请儿童在其强项领域担任组长,这样这位儿童就可带领其他同学进行该领域的学习活动,或为同学演示活动,提供资源,负责管理材料和清理工作,帮助培训下一个组长等。在这一过程中,儿童的技能得到了提高和正面强化,其强项领域也得到了培育和发展。

教师应经常与家长交流和分享有关儿童强项领域的信息,并鼓励家长给予儿童积极的强化和培养,如给儿童种花的机会,带儿童参观博物馆,给儿童报名上音乐课等。家长可和儿童一起进行各种活动,包括本书每一章节末尾附的"带回家的活动"。

需要注意的是,培育儿童的强项并不是给他们"分类"或是限制他们在其他领域的体验。一个愿意做帮手的儿童并不永远都是帮手,对于一个有语言特长的儿童,也要鼓励其尝试其他不太顺手的领域。广泛的学习体验有助于儿童充分地发展自己的潜能和兴趣。在多彩光谱项目中,对儿童强项领域的承认和培养有助于儿童发展自信、自尊和对学校的积极情感。

表1 活动风格观察表

儿童_____ 观察者_____ 活动_____ 日期_____

　　请标注出你所观察到的儿童的特殊的行为特征，只标注那些表现明显的；每一对中只选一项。必要时请写下评注和逸事，并用概括性的、总括性的词语描述儿童进行活动的方式。用"＊"号表示其突出的行为特征。

儿童是	评注
容易参加活动　_____	
不愿参加活动　_____	
自信的　_____	
试探性的　_____	
嬉戏的　_____	
认真的　_____	
注意力集中　_____	
注意力易分散　_____	
坚持的　_____	
易受挫的　_____	
冲动的　_____	
沉思的　_____	
倾向于稳妥　_____	
倾向于快速　_____	
健谈的　_____	
安静的　_____	
对视觉_____听觉_____美感_____ 线索做出反应	
显示出计划性的方法　_____	
把个人的强项带入活动中　_____	
在活动中表现出幽默　_____	
创新地使用材料　_____	
表现出实现的成就感　_____	
注意细节，敏于观察　_____	
对材料好奇　_____	
关心"正确"答案　_____	
重视与成人的互动　_____	

(五)建立儿童的智能强项与其他学科领域及学业表现之间的联系

多彩光谱项目的最后一步是利用儿童在其强项领域的经验，引导他们进入其他广泛的学习活动中，我们称此过程为"搭建桥梁"（Feuerstein，1980）。儿童在低年级时掌握一些基本的技能是十分重要的。因为从小学到高中的任何课程都有个前提，就是假设儿童已经有了某些经验或基础，所以如果一些儿童不具备这些经验或基础，就会遭遇挫折感和失败感，而且这些感觉会随着时间的推移而加重。然而，需要注意的是，儿童掌握基本技能的途径是多种多样的，有些儿童可能主要通过练习和训练来加强阅读与数学技能，而有些儿童则可能通过其他方法来获得技能。如果在基本技能和儿童的强项领域之间"搭建桥梁"，即通过把这些技能隐藏在儿童认为有意义且感兴趣的任务里，就会激起他们对掌握这些技能的渴望。

"搭建桥梁"可以表现在很多方面，包括：

1. 儿童发现了自己的强项领域，乐于在其中探索并自我感觉良好，这种成功的体验会使儿童对进入一个较困难的领域产生信心。

2. 可以利用儿童在其强项领域的学习风格引导其进入困难领域。如对于一个有音乐智能强项的儿童，如果将数学任务配以音乐的话，就会对其更具吸引力。

3. 可以利用儿童在强项领域学习的内容引导其参加其他领域的学习。比如，可以引导一个对机械感兴趣并表现出能力的儿童阅读、书写有关机械的内容。

4. 儿童在某个领域的优势可能与另一个遥远的领域相关。例如，一个对音乐节奏很敏感的儿童，对语言或运动领域的节奏也可能做出反应。

"搭建桥梁"的策略不仅可以用于个人，还可以用于整个班级。例如，一个班级的很多儿童对汽车、工具很感兴趣，而另一个班级的很多儿童擅长于运动。那么，对后一个班级，教师就可以鼓励儿童用他们的身体、橡皮泥、图画等拼出单词，表演出所读的故事和诗，或使用故事板及其他可操作的物体编故事。教师还可以根据儿童的兴趣，为儿童提供有关体育运动的阅读材料等。换句话说，教师通过对班级儿童的洞察来引导他们参加到日常的课程中去。

对儿童来说，有趣而有意义的问题才能有利于他们学习新技能，使他们在面临困难时更具坚持性。例如，一个想种植蔬菜的儿童会愿意读有关种子或测量植株间距的说明。我们和其他一些人（Cohen，1990）的研究经验也表明，迷人的材料和问题能吸引儿童参加活动，但不能让他们自动发展技能，也不能让他们自动地把自己的强项带入其他领域。教师必须为儿童示范工具和材料的使用方法，提出一些问题帮助儿童思考，在儿童困惑时给予指导，使用其他教育技能帮助他们掌握隐含在活动中的概念和技能，努力帮助儿童建构明晰的桥梁，并为儿童和教师自身带来成就感。

四、 多彩光谱项目和学校课堂

（一）怎样组织活动

1989—1990 年，为了改善波士顿区公立学校一年级学业失败儿童的学业表现，我们进行了一系列研究，并取得了一定的成果，开发了不少相关的活动。本书借鉴这些研究成果，列出了涉及语言、数学、运动、音乐、科学、机械和构建、社会理解以及视觉艺术 8 个领域的有关活动，以便为教师了解儿童的智能强项提供范例。

每一领域的活动大体包括 15～20 个活动。选择这些活动是因为它们：

1. 反映了一系列智能；

2. 突出运用到某个特定领域的关键能力；

3. 在有意义情境中解决问题；

4. 其中的信息可以帮助教师建立更适合儿童个体的课程。

每一领域的活动既包括自由游戏，又包括结构性活动。一些结构性活动与技能有关，即通过活动的形式给儿童呈现某一领域的任务，其难度适合于或略高于儿童目前的能力水平；还有一些活动融合了儿童各种学习经历和第一学年的课程。例如，让儿童用新闻的形式描述其在装配活动中的经历，实际是让他们练习写的技能。

所有领域活动的格式大致相同。首先是对领域活动的简介，包括关键能力介绍、相关活动介绍和选择材料建议等，然后是具体活动的详细介绍。

　　每一个活动都列有目标、核心要素、材料、步骤。在活动的结尾还列出了注意事项和扩展活动等。每个活动既可用于教学，也可用于评价。

　　为保持教师指导与儿童人数之间的平衡，我们把活动分成四类：

　　第一类，以儿童活动为主的小组活动。教师简要地介绍、示范，然后4～6个儿童自行或一起进行活动。

　　第二类，教师指导的小组活动。教师和小组儿童一起进行目标活动，让其余的儿童进行那些无须帮助的活动。

　　第三类，以儿童活动为主的大组活动。教师介绍活动后，让班级所有或一半的儿童都参与活动，儿童既可以单独活动，也可以合作完成。在儿童活动中，教师的存在很重要，但并不是必需的。

　　第四类，教师指导的大组活动。教师指导和监控全班的活动，教师对于儿童完成任务十分关键。

　　最后，在每一领域活动的末尾附有"带回家的活动"，旨在让家长参与到发现、培育儿童智能强项的过程中来。这些活动与课堂活动在目标、技能和概念上都是一致的，其呈现的形式也与课堂活动相似，也包括学习目标、必要的材料以及活动步骤等部分。

（二）多样化地使用多彩光谱项目方法

　　多彩光谱项目认为，智能的形式不是单一的，儿童学习的方式也是有差异的。这个思想贯彻在教学实践中可以有不同的做法。我们采用的是"学习活动区"的方式，教师也可以开发其他的方法来把多彩光谱项目的理念、活动与课程整合起来。事实上，"各地的教师、学校都可以根据各社区不同的需要对这一方法加以调整"，这正是多彩光谱项目所强调的。

　　教师可以通过增加个体活动来丰富和补充课程，并从中了解多彩光谱项目方法。比如，在儿童难以理解某个概念时，教师可用不同的方式，通过运动、艺术、音乐等领域的活动来呈现同一概念，然后仔细观察儿童的反应，这样就可了解采用什么方法对某一儿童或整个班级最为有效。

多彩光谱项目方法还可用于主题教学。借助于它所提供的框架，教师在组织主题时可以有意识地提出多种能力。例如，科学活动指南中的"是什么使面包胀起来的"可以作为"面包"主题的开端，儿童在验证自己假设的同时学习科学方法。在实验中，他们运用身体技能，练习数学和阅读技能，在与同伴的合作中发展社会技能，并通过收集家庭菜单和了解不同文化中面包的吃法而加深对社会的理解。他们还通过"卖"面包来计算钱数和找零钱。所有这些活动都将有助于加深儿童对面包制作过程的理解，而这个过程对于儿童而言是有意义的。与此类似，社会理解活动指南中的"医院活动"也可用来引发主题活动。

需要强调的是，并非每一个主题活动都必须涉及所有的智能。活动应该有助于儿童对当前主题的理解或者作为引入主题的一个新手段。在一个单元主题中所未涉及的智能领域可争取融入下一个主题活动中。

为保证所有领域活动的"时间均等"，至少是从一开始，我们便选择了学习活动区方法。学习活动区是把儿童引入各领域的一种基本而有效的途径。如果没有足够的空间，可以把学习活动区的材料放在盒子中，供儿童使用。

教师可以开发其他的方法或把上述方法综合起来使用。例如，一位教师在主题单元中使用学习活动区，而在一个天文单元中，他可在语言区设置故事板，让儿童讲述关于宇宙的故事，鼓励儿童互相谈论有关宇宙探索的各种话题。

(三)学习活动区的管理

以下是多彩光谱项目的教师和研究人员总结出的解决常见问题的方法，希望对教师有所帮助。但注意不要过于拘泥于此。

● 准备期

在儿童独立开始活动之前要有一个正式的准备期，可能需要几个月的时间。在这一阶段，教师可在小组活动中给儿童展示每个学习活动区的材料，解释其主要观点、程序和规则，然后让儿童探索刚刚谈论过的材料。此时儿童需要较多的指导，因此，教师指导的大组活动比较适合这一阶段。

准备期有三个目的：首先，使儿童熟悉如何选择或开展学习活动区的活动；其次，给儿童一个预先熟悉的机会，让儿童探索所有领域，尤其是那些有特殊兴趣的领域；最后，能使教师从中获得对儿童强项和兴趣的最初印象。

● 开展活动

在准备期后，教师可根据教室结构，采取各种形式开放学习活动区。在多彩光谱项目中，教师每个星期至少两次，每次两小时开放 2～4 个学习活动区。在其他时间，如休息时间、自由活动时间、正常上课之前或之后以及较早完成任务后的剩余时间里，也都可以开放学习活动区。

教师可以运用学习活动区让儿童探索所学的单元，也可以提供那些课上根本就没有涉及的材料；可以向全班集体介绍一个新活动，也可以单独向一个小组介绍，而让其他儿童进行准备期时已经介绍的活动。最后，教师可以邀请专家或家长帮助察看一些学习活动区，如艺术区和音乐区等。

在准备期，教师可能需要指派儿童到某一特定的学习活动区。随着儿童对学习活动区的熟悉和经验的增长，教师可以让儿童自己选择学习活动区，但务必保证每个儿童都有机会参与所有领域。

如果空间允许，能够划出学习活动区来开展特定领域的活动的话，那么每个学习活动区需要有一个工作区、一个展示区以及材料存放区。每个学习活动区可以涂上不同的颜色，帮助儿童辨识。科学区和艺术区可设置在水槽附近，以便清洁。语言区和社会区最好设置在一起，以便共享一些材料。运动区和音乐区也可以设置在一起，因为一些音乐和乐器是两个活动区需要共享的。如果空间允许，运动区和音乐区要离其他学习活动区远一些，以降低对其他区的干扰。

● 建立规则

虽然我们的最终目标是让儿童学会自我决定和自我管理，但如果教师能够提供最初的结构、清楚的指导和使用学习活动区的一套规则，最终目标会更容易实现。在准备期，教师与儿童一起创建每一个学习活动区的规则，规则一旦建立，就要提醒儿童注意规则的制定是为了帮助他们游戏或工作，如果规则无效，可以进行修正。

规则涉及诸如安全、材料分享、轮流、人数限定、降低噪音、清洁等问题。各区的规则可以写在黑板上或展示在区域内。

● 小型课

小型课通常是指有关学习活动区使用的小型专题讨论或示范，时间为5～10分钟。通过讨论，可以帮助儿童回顾规则和程序，理解自己在学习过程中的角色。教师可以通过提问的方式赋予儿童参与感和责任感，如在结束时你要做什么；在学习活动区中，小组成员应该如何互相帮助等。

● 活动领导者和合作学习

教师可以训练儿童轮流担任活动的领导者。领导者的任务包括：引领儿童进入活动，提醒儿童签到，回答其他儿童的问题，管理材料和清洁工作，帮助下一任的领导者等。担任领导者的经历有助于儿童感到自己在班级中是有能力的、有用的，从而激发自尊。教师既可以允许儿童在自己的强项领域担任活动的领导者，也可以按照一定的规律让儿童轮流担任领导者。

儿童在小组学习活动中的合作学习能激发积极的互动。采取学习活动区的形式，能鼓励所有小组成员为一个共同的目标而合作，促使儿童相互寻求知识、帮助和鼓励。

● "分享时间"

多彩光谱项目活动结束时的反思时刻很有价值。在反思时刻，儿童可以用画画、写一句话等形式来表达或汇报他们在活动中的收获。教师可以花5～10分钟的时间参与"分享时间"，不是让儿童展示或讲述，而是给儿童一个机会看看彼此的工作，相互提问、讨论以产生新的想法。这一时间也有助于他们阐述自己的想法，检验自己与其他小组成员不同的假设等。

在儿童第一次尝试"分享时间"时，教师可能要组织儿童进行简短的讨论，以建立基本的规则。讨论时要注意以下问题：

1. 儿童如何问一些清楚而有意义的问题？

2. 在其他儿童讲话时，为什么听非常必要？

3. 儿童如何表达自己的观点而不伤害其他人的情感？

(四)记录儿童的强项

● 教师观察

记录观察会花费很多时间,因此我们希望教师能找到切合实际教学的记录方法。表 4 提供的是一种记录方法,除此之外,还可以使用即撕贴,在即撕贴上写上简短的话,贴在剪贴板上,然后按领域分类,直接放入对应的儿童文件夹中。如果条件允许,也可以采用其他的记录方法,如录音、录像、拍照等。这些记录将有助于教师归纳、分析儿童的活动情况,为家长会提供有用的素材或者针对儿童的智能概况制订相应的个别教育方案等。

在整个学期中,教师应尽量观察每个儿童在各领域的活动情况。有关活动评价和记录的更详细资料可参见《多元智能理论与学前儿童能力评价》一书。该书中的活动虽然主要适用于学前儿童,但如果教师认为有帮助,也可以将其改编成适用于更大年龄儿童的活动。

● 儿童的文件夹

文件夹专门收集儿童的作品,同时也是记录儿童在多个领域的努力、特长、进步和成就的一种方法。传统的标准化评价往往对儿童的表现进行一次性的评价,而通过文件夹,则可以看到儿童在一段时期内的发展。零点项目的研究成员斯蒂文和沃尔特在《文件夹的运用:儿童作品评价中的思考》(*Portfolio Practices*:*Thinking Through the Assessment of Children's Work*,1997)一书中提到:文件夹来源于儿童自己的探究——可以是儿童的艺术作品、诗、分类条目、信息记录单、黏土制品或其他作品——这些信息揭示了儿童是如何学习的。另外还可利用文件夹让儿童参与到对自己作品的挑选和评价过程中来。

在《作品样本集》(1993)一书中,塞缪尔建议在儿童的文件夹中收集两类作品:核心类和其他类。所有儿童多次完成的、代表几个不同领域的那些作品归入核心类,这一类的作品每学期至少收集 3 次,既可用来追踪儿童的进展,又可用来对儿童活动完成的质量进行小组比较。其他类包括 2~3 件反映儿童在一个或多个领域活动的附加作品。每个儿童提供的作品可以不一样,这样就可从中看出儿童特别的偏好和能力。

(五)改善儿童的学业表现

识别、确定儿童的强项领域对于帮助学业困难的儿童而言特别重要，一旦这些儿童被给予在广阔领域的学习机会，他们的能力就会显现出来，而这些能力常常是被传统课程所忽视的。关注和培育"学业失败"儿童的强项领域，对这些被认为是有不足的儿童而言不失为一种可行的好方法，把教育建立在儿童的强项之上使教育干预更加成为可能，同时也成为帮助儿童发展基本技能的一条新的途径。

实际上，多彩光谱项目的长期目标之一，就是通过提供课堂上的帮助，通过加强一年级教师对学业失败儿童的理解，减少这些儿童的一些特殊行为，诸如"旷课"等。然而，多彩光谱项目并不是在所有情况下都奏效。例如，在学业压力特别重的学校，这种方法就显得不那么吸引人，不那么有效。另外，对于那些在情感、身体或学习方面有严重问题的"学业失败"儿童而言，这种方法也不太适合。为了有效地运用多彩光谱项目提倡的方法，教师一定要认识到这种方法本身存在的局限性。

我们希望多彩光谱项目能给教师带来一些新的启示，以使教师能够更好地理解有着不同智能强项和弱项组合的儿童。我们还希望它能帮助更多像东尼、查理、琳达一样的儿童体验到学习的乐趣，更主动、积极而有效地学习。

表2　学习活动区可能遇到的问题及对策

问　题	对　策
没有监管，儿童就不能好好地进行活动	● 在儿童独自活动之前，让儿童和教师或和一个儿童领头人一起进行活动。 ● 认真选出小组长。 ● 给儿童分组，使个性匹配。 ● 让全班儿童都进行多彩光谱项目活动，这样教师就可以四处巡视，必要时给予儿童帮助。 ● 限定儿童在特定时间可以选择的活动的数量。 ● 活动的规则和终止时间必须清晰。

续表

问　题	对　策
策划引入一个新的活动太花时间	● 全班儿童每次只着手一个领域。 ● 一次只引入一个新活动。 ● 始终开放一些儿童都熟知的、一直都喜欢的学习活动区。 ● 引入材料已准备就绪的活动。
布置一个学习活动区的后勤工作过多	● 逐步引入学习活动区，在熟悉一个学习活动区后再着手下一个。 ● 从比较简单的活动开始。 ● 不要同时引入过多的新活动。 ● 限制每次可进行的活动数量。 ● 在引入活动之前，教师自己务必要先熟悉。 ● 与另一位教师合作。

表 3　小型课

问　题	目　标	建议向儿童提出的问题
你怎么知道已经完成了活动？	帮助儿童反思自己的工作，理解完成活动的意思。"完成"对于一些儿童来说可能是一个有争论的话题。设法引发一些能标志"完成品"的特定线索。 　　除了讨论下列问题之外，在活动进行中，教师还需重复说明活动的规则和目标。在儿童自己开始活动之前，教师最好先示范一次以上。最后，如果儿童认为自己已经完成了活动，教师可以让他们在日记上写下来或画出来完成的或下次希望进入的学习活动区。	1. 如果你玩这个游戏，什么时候算是结束？ 2. 如果你制作某样东西，什么时候算是完成？ 3. 有什么办法能说明你完成了？ 4. 你在完成后有什么感觉？ 5. 如果你不能确定自己是否完成，你会做什么？

续表

问　题	目　标	建议向儿童提出的问题
完成后你做什么?	帮助儿童表达他们在完成活动后应该做什么。最好在前一小型课后或在第二天立即上这一小型课。	1. 在你结束活动后，你需要做什么? 　(清理! 鼓励儿童讲出清理的规则。) 2. 然后你做什么? 　(儿童应该讲述他们可以进行的各种活动。) ● 把活动有关情况记在日记本上。 　(最有趣的是什么? 你学到了什么?) ● 画一幅画说明进行的活动。 ● 对着录音机讲述你所做的事，讲讲你觉得最有趣的和你所学到的。 ● 读一本有关此活动的书。 ● 帮助其他儿童。 ● 选择一个回家做的活动。 ● 计划下次想做的事。
我们如何互相帮助?	教师为儿童示范如何互相帮助，激发儿童的独立性。你可以提这样的问题: "你和你的朋友一起在进行一项活动，你觉得该做什么? 如果你的朋友不知道，你该如何帮助他?" 　　尽量引发多种回答，强化那些特别具有建设性的意见。注意观察哪些儿童有准备地、有技巧地思考问题——他们可能是活动领头人的恰当人选。	1. 你会怎样帮助你的朋友? 帮助朋友的最好办法是什么? 2. 要帮助你的朋友解决问题，你会对他说些什么? 3. 哪些话可能会伤害到朋友，是你不能说的? 4. 有时候你可能会觉得帮助朋友最容易的办法就是代替他做。为什么这并不一定是帮助朋友的最好办法? 　(问题的关键在于帮助儿童懂得，教朋友自己学会做才是最有帮助的。)

问　　题	目　　标	建议向儿童提出的问题
如何调整活动？	帮助儿童根据课程目标组织、建构活动。如果儿童对材料的使用远离了目标，或者无法从中观察到基本能力，教师可帮助他们进行调整。 　　选择 2～3 个可能要再指导的、受儿童欢迎的活动。每次讨论一个活动，并将讨论集中于几个关键的问题上。在鼓励儿童创造性的同时，帮助儿童理解他们应该如何使用材料发展或展示基本能力。	1. 有谁能告诉我，你是如何玩这个游戏的？ 2. 其他小朋友是如何玩的？ 3. 我想让你接下来做这些……（给予清楚的指导，或者再让两个儿童示范一下活动。可以让这两个儿童担任活动或学习活动区的领头人，以便其他儿童能直接向他们进一步地寻求帮助。）

表 4　教室观察表

教师：_____　　　　　日期：_____

儿　　童	日期/活动	领域/关键能力	明显表现/案例

参考文献

Calkins，L. M. (1986). *The art of teaching writing*. Portsmouth，NH：Heinemann.

Cohen，D. (1990). A revolution in one classroom：The case of Mrs. Oublier. *Educational Evaluation and Policy Analysis*，12，311-329.

Feldman，D. H. (1980). *Beyond universals in cognitive development*. Norwood，NJ：Ablex.

Feuerstein，R. (1980). *Instrumental enrichment：An intervention program for cognitive modifiability*. Baltimore，MD：University Park Press.

Gardner，H. (1983). *Frames of mind：The theory of multiple intelligences*. New York：Basic Books.

Gardner，H. (1998). Are there additional intelligences? In J. Kane (ed.)，*Education，information，and transformation*. Englewood，NJ：Prentice Hall.

Meisels，S. J. (1993). *The work sampling system*. Ann Arbor，MI：Rebus Planning Associates.

Slavin，R. E. (1990). *Cooperative learning：Theory，research，and practice*. Englewood Cliffs，NJ：Prentice Hall.

Seidel，S.，Walters，J.，Kirby，E.，Olff，N.，Powell，K.，Scripp，L.，& Veenema，S. (1997). *Portfolio practices：Thinking through the assessment of children's work*. Washington，DC：National Education Association Publishing Library.

机械和构建活动 JIXIE HE GOUJIAN HUODONG

注：本部分作者为陈杰琦。

机械和构建活动概述 JIXIE HE GOUJIAN HUODONG GAISHU

参加机械和构建活动，可以让儿童有机会使用工具和小器械、组装物件、解决简单的机械问题。

对这类活动，儿童特别着迷。首先，这种活动是"真的"，儿童目睹成人使用工具，摆弄机械，有时还能帮点忙，因而能使他们注意真实生活情景与学校学习情景的不同。再者，这样的活动可能激发了那些传统课程不关注的智能，对"纸—笔"任务不感兴趣的儿童很可能乐于迎接和应对这方面的挑战。比如，他们可能知道怎样用牙签来造房子，怎样在不接触物体的条件下使它动起来等。因此，机械和构建活动可以培养儿童的自尊，还能带动他们其他方面的学习。比如，喜欢这类活动的儿童可能因此而喜欢阅读和书写这类活动所涉及的工具、机械和结构等方面的内容。

本部分提供的这些活动旨在让儿童练习操作工具，提高解决问题的能力，加深他们对物理世界基本原理的理解。这些活动主要是围绕这一领域的三个关键能力展开的：

- 对结构关系的理解。重点是摆弄机械部件，了解其组装方法。
- 对视觉空间关系的感知。重点是了解结构特征。
- 用机械物体解决问题的方法，认识几种简单的机械。

另外还有一种关键能力，即第四种关键能力——精细动作技能，是要通过所有活动来培养的。本部分的某些活动，如拆装食物研磨机，能教会儿童有条理地安装机械，从而发展他们的精细、准确的机械技能。从技术上讲，完成这些活动需要有一定的方法。还有一些活动，如做木工、玩黏土，则让儿童有机会自由探索，创造性地建构，尝试用不同的方法去解决同一问题。

这些活动在强调动手操作技能的同时，也让儿童有机会从中学习数概念、新词汇、合作等学业和非学业技能。比如，在儿童进行实验、记录结果的同时，他们也学到了如何用图表表示所获得的信息；当儿童在桌上建造城市时，他们的表达、协商和互助的能力也得到了相应的发展。

不管教师是把这些活动作为课程的一个单元引入学习活动区，还是作为"一周挑战"的个别计划引入学习活动区，我们建议教师最好都将它们视为儿童的探究活动。教师可以通过提问将活动引入。比如问小朋友"你们能告诉我'机械'是什么意思吗?""你知道周围有谁在做技工吗?""这个人在做什么?""你们家里有哪些动手操作的机械、技能活儿?"等等。

通过活动，教师要帮助儿童知道，他们不仅要了解机器，还要用榔头、螺丝刀等工具学习拆装。有些事是现在可以做的，而有些事情他们长大后才能完成，比如建造牢固的东西、搬动重物等。

在活动准备阶段，教师要注意向儿童强调安全使用工具，在班级中建立安全活动规则。如为机械建造活动设立分隔区，教儿童如何正确使用工具等。准备活动之后，在教师的监控下，儿童可以自己摆弄、探索木块、木屑、螺丝钉、插销等器械。

关键能力 GUANJIAN NENGLI

理解结构与功能的关系

- 在观察的基础上推测关系
- 理解部分与整体的关系、部件的功能及其组装方法

空间知觉能力

- 能构建或重构平面或立体的物体或简单机械
- 了解机械物各部件间的空间关系

利用机械解决问题的方法

- 学习和使用试误方法
- 有条理地解决机械的问题
- 对信息进行比较、概括

精细动作技能

- 擅长操作小的部件、物体
- 良好的手眼协调能力(用榔头时对准螺丝钉,不敲着自己的手指)

理解结构与功能的关系

教师指导为主

小组活动

使用工具 SHIYONG GONGJU

目标：

学会使用各种工具

核心要素：

- 动手操作物体
- 手眼协调
- 了解功能关系

材料：

第一组——制作金属丝制品

- 四把剪金属丝的剪刀
- 各种金属丝
- 包装纸

第二组——上螺丝钉

- 四把不同尺寸的普通螺丝刀
- 四把不同尺寸的飞利浦头螺丝刀
- 各种不同尺寸的螺丝钉和螺帽

第三组——做木工

- 四把榔头
- 各式木块
- 小钉子
- 木胶

第四组——弄直夹纸用的回形针

- 四把钳子
- 各种大小的回形针

步骤：

1. 正式活动前，将四组物品放在四个浅盘中，讨论安全问题以及错误使用工具可能带来的危害。回顾在准备阶段定下的安全规则。

2. 将四个盘子摆出，说明今天的机械活动是使用工具。儿童可以使用上述四种工具：钳子、榔头、金属剪、螺丝刀。将儿童分为四个组，说明可以轮流使用每种工具。

第一组儿童用金属剪剪切各种金属丝。发给每个儿童一张纸板，向他们说明有不同材料且大小各异的金属丝，让他们将剪好的金属丝放在纸板上进行结构设计。

第二组儿童用螺丝刀将螺丝拧入木板。给他们不同大小、不同螺帽的钉子，让他们找出使用最方便的螺丝刀。

第三组儿童做木工活，用榔头钉钉子。允许他们做他们喜欢的事，同时可以用胶来帮助固定搭出的物件。允许儿童用榔头将钉子钉入木板，拼出自己的名字或组成各种图形。

第四组儿童用钳子将回形针弄直，然后将它们扭成各种形状，如圆形或星形。

3. 教师在教室四周走动，指导各组的活动，鼓励儿童参加某一组活动至少要 15 分钟，然后再互相交换。

其他活动：

1. 请儿童寻找教室里的机械，看看橱柜的门是怎样打开和关上的，抽屉是怎样抽出推进的，让儿童试着关锁开锁。还可以找找学校其他地方的机械，如游戏场地的设备等。

2. 教师用拉直的回形针做一个几何形状，并让儿童自己设计其他几何图形。

3. 邀请在工作中使用各种工具、机械的家长到学校来，请他们向儿童介绍自己是怎样使用各种工具的。

4．组织一次参观五金店的活动，让儿童看看那里的各种器材，如弹簧、铰链、螺丝钉（母）、插销、锁簧、螺栓等，看看这些东西有什么用途。让儿童观察各种工具，看看它们是怎样由小小的零件组装在一起的，并试着说出各种工具的使用方法。

5．阅读图书中介绍有关工具或器械的内容，讨论那些儿童熟悉、但教师没有介绍过的工具。

注意事项：

1．如果无法同时顾及四个小组的活动，为了儿童的安全，可一次一两件，慢慢地介绍工具。

2．工具是教室中可以长久存放的东西，应放在工具箱中。考虑到安全，最好将工具箱锁上，当需要时由教师打开给儿童。

3．木工活动可能会产生比较大的声音，可用一些隔音材料帮助减少噪音，最好在屋角设立一个用具有隔音功能的沟纹木板或泡沫材料围成的区域。

理解结构与功能的关系

工具图鉴　GONGJU TUJIAN

目标：

通过编一本工具图鉴来学习各种工具的名称及其功能

核心要素：

- 精细的动作技能
- 了解结构和功能的关系
- 表达自己想法的能力

材料：

- 各种工具（如夹钳、榔头、钳子、尺子、锯子、螺丝刀、扳手、手用钻孔机等）
- 介绍工具的书籍
- 铅笔和纸张，记号笔或蜡笔等

步骤：

1. 向儿童介绍几种有关各种工具的书，告诉他们我们将要做一本附有图例、介绍的工具图鉴，需要把各种工具画下来，附上文字说明，并按字母进行排序。

2. 从儿童喜欢的工具开始做起（如金属剪、螺丝刀、榔头、钳子等他们在活动中用过的工具），然后逐次介绍新的工具，一次一种。让儿童给工具命名，说明其功用。设计一个儿童可以使用这种工具的活动（如用螺丝刀将塑料泡沫拼在一起，或用扳手将什么东西扳开等）。

3. 让儿童画出工具的图样，鼓励他们写下或说出这种工具的用法以及他们自己使用这种工具的经验。

4. 让儿童在小组活动时间里互相交换各自的图鉴。

注意事项：

1. 教师可以利用这项活动将儿童对机械的兴趣与写作技能相联系。比如，让儿童写出或画一部工具使用手册，表示出工具使用、制作、安装、拆卸的详细步骤等，并鼓励儿童表现他们曾经运用工具进行拆卸、组装等的活动经验。

2. 有几本介绍工具的书可供参考。

《工具箱》(Rockwell，A．H．New York：Macmillan，1972)

《装上它》(McPhail，D．New York：Dutton，1984)

《工具手册》(Gibbons，G．New York：Holiday House，1982)

《工具箱》(Homan，D．Chapel Hill．NC：Lollipop Power，1981)

《工具》(Morris，A．New York：Lothrop，Lee and Shepard，1992)

3. 以下是一些说明工具用途的例子：

钻头——钻洞的工具；

扳手——夹、旋螺帽与螺栓的工具；

螺丝刀——拧螺丝的工具；

锯子——有锐利的边，切割物体的工具；

榔头——钉、敲物体的工具；

钳子——夹紧小物体，或把金属丝拧弯、切断的工具。

理解结构与功能的关系

拆 卸 CHAIXIE

目标：

学会使用各种工具，通过拆卸了解器械

核心要素：

- 理解结构和功能的关系
- 精细小肌肉操作技能
- 注意细节

材料：

- 待拆的装置（如钟、打字机、电话）
- 各种工具（如扳手、钳子、螺丝刀、钢丝剪）
- 盛各种部件的容器

步骤：

1. 将全班分为几个小组，发给每组一些要用的空盒子、工具和两件弄坏了的待拆装置（物体）。

2. 告诉儿童把物体拆开，但不准破坏或打碎。如果他们愿意，还可以在做拼图、玩数学游戏、组装新物件时使用这些拆开的零件。

3. 教师在教室里走动，和儿童谈论每种工具的用途以及装置的结构，向他们提出各种问题。例如，螺丝刀能帮你干什么，将一些小物体拆下来是用手方便还是用工具方便等。

4. 如果有多余的空间，最好将破旧的器械保存一年，并注意不时更换，以便让儿童在休息或其他时间试着摆弄。

其他活动：

1. 当儿童玩过拆卸物体后，鼓励他们用拆下来的零部件组装新的物件，可以把这样的活动叫作"发明商店"。这些活动的目的不在于让儿童发明什么真正可用的东西，而是给他们自己设计、制作物件的机会。鼓励儿童为自己设计的东西命名并列出使用说明。

2. 鼓励儿童将拆出的零件分类，并鼓励他们说出为什么要那样分类，是依据零件的功能、形状、尺寸来分类，还是依据其他特性来分类。

理解结构与功能的关系

组 装 ZUZHUANG

目标：

通过拆、装了解装置

核心要素：

- 理解结构和功能的关系

- 精细的小肌肉操作技能

- 注意细节

材料：

- 几台油泵

- 食物研磨机

- 传动装置组装套件

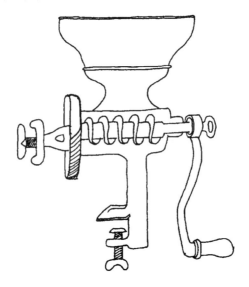

步骤：

1. 展示一台食物研磨机、油泵和一套传动装置，并通过提问引入活动，问儿童知不知道这些装置叫什么，有什么用处，在什么地方可以看到这样的机器等。

2. 让儿童组成小组，互相协助将这些机器拆开，并重新组装。如果儿童不能重新组装也没关系。

3. 将儿童分为2～3组，每组发一台机器，鼓励他们拆装，之后相互交换。

其他活动：

1. 让儿童使用油泵和研磨机。从油泵里压出水，掺到食物（苹果、干果、土豆）中并放入研磨机中碾磨后做成点心。可问儿童这样一些问题：这些厨房用具是怎样工作的？分别加入较硬、较软的食品后，碾碎效果会怎么样？用这些机器还可以做些什么？如何将食品碾得细些或粗些？

2. 鼓励儿童将整个器械和拆开的零件画下来，询问儿童这些图形对他们的安装和拆卸是否有用。

3. 给儿童其他的一些家用器械，如手电筒、卷笔刀等，让他们拆装，鼓励他们仔细看机械的零部件，并说说它们的功能。

空间知觉能力

教师指导为主

小组活动

制作活动装置 ZHIZUO HUODONG ZHUANGZHI

目标：

做简单的活动装置，观察影响活动装置平衡的因素

核心要素：

- 理解空间关系
- 精细动作技能
- 试误策略

材料：

- 轻质木板
- 记号笔或画笔
- 剪刀，金属剪
- 榫钉（每个儿童两枚，长约 12 英寸）
- 细线

步骤：

1. 在这个活动中，通过试误学习安装一个平衡的活动装置。准备时（此阶段可以作为艺术活动来进行），让儿童做一些可以用于活动装置的小挂件，每个人用卡片纸板或轻质木板及其他耐用的材料做至少 4 个不同形状、大小的挂件。

2. 教师准备好后，发给每个儿童两枚榫钉和线。将线剪成 6 英寸长的几小段，每段系一个小挂件。给他们看一个吊好挂件的活动装置，告诉他们可以凭自己的意愿将挂件安上，尽量把榫钉挂平，可放在桌上安装。

3. 向儿童说明：首先，把线系在榫钉的中间部位，通过这根线把榫钉

悬起。然后，将他们的一半小挂件吊起来（最好打双结），让他们试着移动小挂件在榫钉上的位置，直到平衡为止。向儿童说明可以移动榫钉中间线的位置，并让他们试试，然后提问：当中间线靠近较重的小挂件时会发生什么？靠近较轻的小挂件时会怎样？将重的小挂件靠近榫钉中间会发生什么？靠近榫钉边缘又会发生什么？轻的小挂件靠近榫钉中间呢？靠近榫钉边缘呢？

4. 让儿童将其余的小挂件系在第二枚榫钉上，然后将两个榫钉系在一起。

5. 将活动装置放在儿童够得着的地方。可以将它挂在室内墙上。当放好活动装置后，他们会发现略动一边另一边就会失去平衡。通过自己的实验或教师的提示（如果必要的话），儿童会发现，如果先将小挂件放在低处，再放一些到高处，很容易使活动装置平衡。和儿童谈论其他的发现。

备注：本活动引自 McGraw-Hill 出版公司 1976 年出版的《科普研究》中的"活动装置"部分。

空间知觉能力

教师指导为主

小组活动

玩黏土 WAN NIANTU

目标：

用黏土做有意义、无意义的结构，从中学习平衡

核心要素：

- 做立体作品
- 设计和计划
- 检验假设

材料：

- 造型黏土
- 码尺或尺子
- 冰棍棒
- 弹簧
- 夹纸回形针
- 铜线
- 卡片纸板

步骤：

1. 鼓励儿童自由地玩黏土和上面列出的其他材料，按自己的意愿进行创造。

2. 自由玩耍之后，给每个儿童相同数量的黏土，让他们比赛看谁造得最高。让儿童比较一下基座的大小和形状，猜猜怎样修得高但又不会倒。

3. 让儿童再试一次，尽可能堆建一个最高的结构。看看自己的假设对不对，这次堆了多高。

4. 给儿童一些绳子，让他们量量所搭物体的高度和底座的周长，帮助他们进行比较，看看哪一个更长。儿童可以画线条图来进行比较，或者把相当于高度和底座周长的绳子粘在纸上来表示高度和底边周长。

5. 让儿童试着搭出高度长于底边长度的造型，告诉他们可以用桌上的其他材料(冰棍棒、纸板等)使他们的建筑又高又坚固。

6. 让儿童把自己搭的东西介绍给全组小朋友，鼓励他们说出遇到的各种建构上的问题和自己的解决办法。

注意事项：

儿童搭东西时，可能希望参观一些建筑工地或其他场所。假如可能，安排儿童与搞建筑的人员讨论，鼓励他们将看到的画下来或写下来。

备注：本活动引自 McGraw-Hill 出版公司 1968 年出版的《小学科学研究》中的"结构"部分。

空间知觉能力

儿童活动为主

小组活动

木结构 MU JIEGOU

目标：

通过搭建木质的标志物或非标志物，学习平衡

核心要素：

- 会将一物平稳地放在另一物上
- 设计的感觉
- 运用策略

材料：

- 不同形状和大小的木块
- 颜料
- 木胶
- 面胶（建筑装饰用的）
- 画笔

步骤：

1. 告诉儿童这次的木工活动不用锤子和钉子，而是用木胶和面胶将各个部分固定在一起。演示如何使用木胶和面胶，并和儿童讨论如何建一个坚实的基座，基座有什么作用等。

2. 鼓励儿童用不同形状和尺寸的木块搭一个他们想象中的形状。在活动时，通过各种提问来促进儿童思考有关

平衡的问题。例如，怎样在细小的物体上放稳一个宽大的物体？如何在圆的物体上放一个方的物体，在两个物体上放第三个物体？在哪儿加一块木头会使搭的东西更稳固？在哪儿移出一个物体使它不至于倒下？

3. 告诉儿童用胶水粘物体时，至少要放一天让胶水干，这样粘得才会牢固。然后给他们一些颜料和画笔将搭的物品装饰起来。

4. 展示儿童的作品，鼓励他们在作品上附上一些话，说明是如何将作品搭起来和保持平衡的。

其他活动：

1. 让儿童看一些建筑图画（从书中或旅游杂志上），诸如帝国大厦、西尔斯塔、埃菲尔铁塔、金门大桥、金字塔、泰姬陵等。鼓励他们用木块搭一个造型，比如塔、金字塔、穹形等。建议儿童先画草图然后再搭，搭好后，让他们说说哪些部分起作用，哪些部分没起作用，哪些改变了他们的设计以及为什么等。

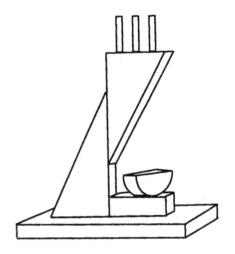

2. 做搭栅栏游戏。要求游戏者做到挪动栅栏上的木块而栅栏不倒塌。

空间知觉能力

儿童活动为主
小组活动

超级结构　CHAOJI JIEGOU

目标：

通过搭标志物和非标志物，了解各种材料的特性

核心要素：

- 空间关系
- 小肌肉精细动作技能
- 与他人一起合作

材料：

- 牙签
- 小盒饴糖
- 黏土
- 面泥
- 塑料泡沫
- 花生
- 胶带（选用）

步骤：

1. 告诉儿童可用牙签和饴糖（粘接用。也可用黏土、面泥、塑料泡沫或花生来取代饴糖）搭出想象的造型，鼓励他们搭一些基本形状。

2. 让儿童互相帮助（用饴糖可以促进合作，因为它在暴露于空气之前比较软，不可能由一个人拿着），一个儿童握住粘好的牙签，另一个儿

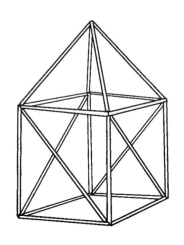

童将另一些牙签与粘好的那部分粘在一起。当儿童完成后，鼓励他们说说遇到了哪些困难，自己是怎样解决的。

3．第二天，回顾前一天的活动。鼓励儿童建一个不同于他们已经搭过的造型，建议他们仿照真实的建筑物，如桥、房屋、高楼等或自然界中常见的东西（如树叶、大树）。

4．让儿童讨论他们用黏土和木块搭东西时的设想。用牙签搭和用黏土、木块搭时用的方法是否相同？什么形状的底座最牢固，能搭得最高？如果一个造型倒了他们能不能用一些牙签使它加固？给正方形加一条对角线效果怎样？加一个用两条牙签搭成的 X 形的东西，效果怎样？如果将牙签拿走会有什么影响？在建筑物倒下之前可以拿走多少根牙签？

5．当儿童完成后，展示他们的作品，并让他们讲述自己搭的东西和他们的发现，或者在搭造过程中遇到的问题。这个活动可以作为建造一个城镇活动的开始。（参考"我们的城市"活动）

其他活动：

1．用报纸搭房屋是一个很好的小组活动。演示如何将一张报纸卷成筒，并用胶带固定。儿童可以将长的纸筒弄成各种长短筒，或将报纸卷成长条状。大家轮流卷制纸筒，将纸筒卷起来，粘上胶带。鼓励儿童发现连接纸筒使整个造型稳固的各种方法。如果必要，演示如何将一个纸筒放在对角线的位置上，使角更牢固。

2．给儿童一些其他可用的制作材料，如：

- 用吸管代替牙签。问儿童用什么能将吸管粘牢，是胶水、胶带还是绳子。

- 用不同的连接材料固定牙签做的造型，看用哪一种方便，哪一种麻烦。（需要的材料包括：造型黏土、面泥、塑料泡沫、胶带等。）

- 尝试用线制作。建议儿童试着用清洁剂管子做一个和牛奶盒一样高的造型，或用细线做一个米盒子。
- 可能的话，在教室里准备一些建构材料（如乐高玩具、旧玩具、装配系列套件、传动装置套件等），让儿童根据指导或模型来进行建构活动。鼓励儿童合作，看看他们能够搭出多少不同的造型。

3. 让儿童用奶酪或黄油盒子、纸巾盒子和其他废旧物来进行制作。还可以用能卷、能折、能分成各种形状的手工纸以及纸盘、纸袋和纸板来进行制作。可以在地球日进行这个活动，以体现保护环境的主题。

空间知觉能力

教师指导为主

小组活动

纸 桥 ZHIQIAO

目标：

搭建一座纸桥，了解形状、大小、材料等因素是怎样影响强度的

核心要素：

- 建构三维物体
- 验证假设
- 记录实验结果

材料：

- 纸、剪刀、火柴盒或纸杯数个
- 硬币或垫圈（100 个左右）
- 积木或厚书
- 绳子

步骤：

1. 活动前，准备一个火柴盒，盒上面系有绳子，能悬挂起来，盒里能装小东西。

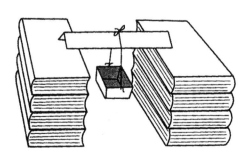

2. 告诉儿童真正的桥必须很坚固，才能支撑得住卡车、汽车等重物。提供模型，并让儿童观察和讨论用什么材料造桥最坚固。给儿童剪刀和各种纸，让他们搭桥，鼓励他们尝试不同的设计（如宽、窄、长、短及可折叠的桥等），并在桥上放不同的物体。

3. 让儿童比较不同桥的强度。抬起桥的一端将火柴盒吊上去，在盒内逐渐加进一些物品，每次放入一个硬币或垫圈，看看在桥倒塌之前能够放入多少。鼓励儿童用这种方法来检验各种桥的强度，并设计一个表格记录结果。与此同时，引导儿童讨论影响桥强度的各种因素，比如材料，桥的长、宽及形状等。看看儿童能不能发现哪一种结构的桥最结实。

4. 让儿童根据自己的发现，用一小块手工纸建一座桥（个人或小组均可），看看谁的桥最牢固（保证材料和尺寸相同）或各个桥能支撑装多少硬币的火柴盒。如果火柴盒不够用，可以换成大的纸盒或纸杯。

5. 如果儿童感兴趣，可以用牛皮纸再做一次实验。（同样保证条件相同。当儿童造的桥更坚固时，应用更重的垫圈或铅锤来检验强度。）

其他活动：

可以改变方法来检验桥的稳固性。

- 外出参观时，鼓励儿童将看到的桥画下来，注意观察桥是用什么材料做的，结构怎样。
- 给儿童看一些画有各种桥的参考书（吊桥、拱桥、悬拉桥、支架桥），谈论桥的结构和材料。
- 请每个儿童带一张桥的图片来（照片、明信片、杂志图片等），让他们用不同的标准对桥进行分类。
- 鼓励儿童用教室中的其他材料（木块、吸管、黏土）搭桥，比较哪一种材料和形状的桥最坚固。

空间知觉能力

儿童活动为主
大组活动

我们的城市　WOMEN DE CHENGSHI

目标：

运用已有的经验建造一个城市模型

核心要素：

- 建三维的立体物体
- 设计和计划
- 发展社会技能

材料：

- 造型材料（如用过的纸卡通造型、纸管、黏土、木屑等）
- 适宜的工具
- 颜料和画笔

步骤：

1. 告诉儿童这个星期将在教室里展示他们建造的一个小的城市模型（或社区、城区等任何适合于儿童具体情况的造型），要求儿童一起建造，并一起设计和筹划建造活动。

2. 到居住的城镇周围看看，让儿童用图画或语言记下有特色的建筑，如邮局、警察局、消防局、学校、饭店、商店等。如果可能，安排儿童与商店负责人（经理）谈谈，了解这些建筑的内部结构及其作用。

3. 帮助儿童选择建造模型需要的材料。一些儿童可能想用现成的造型或废旧物品（如塑料盒、纸巾盒、纸盒等）来建造模型。

4. 搭造城市模型是有章可循的，教师应鼓励儿童先研究一下地图，考虑在什么位置建消防局，或是否在人多的地方修日用品超市。在建构过程中，儿童可能愿意建造各种建筑，并利用各种图表使建筑布局均衡。或者，他们可能是先造一小部分，然后进行扩展；或者先用模型演示（如将玩具放入其中，模拟布局），然后再加上他们认为必要的东西，如公路、交通标志、桥或医院等。教师要引导儿童思考什么建筑或造型是一个城市必不可少的。

5. 鼓励儿童按自己的兴趣进行活动。有的儿童希望在城市里加上小汽车、公共汽车、卡车；有的则想加上人文景观；有的用废旧设施设计能够清扫街道的汽车、维修电话的装置或其他功能的机器；有的用小灯装上电池做路灯或红绿灯。

其他活动：

可以将此活动扩展为了解社区及其服务等活动。可以提供书籍，邀请家长和其他社会成员到教室里来给儿童介绍他们的工作。或让儿童写故事、记日记，甚至可以搞一个市镇竞选、出一份报纸等。

利用机械解决问题

杠　杆 GANGGAN

目标：

知道怎样利用杠杆将一个物体搬到高处

核心要素：

- 解决问题的技能
- 观察技能

材料：

- 纸板或麦片盒、沙盒
- 12 英寸的尺子
- 漏斗
- 小木块
- 绳子
- 尺子
- 冰棍棒

步骤：

1. 告诉儿童他们要解决一个特别的问题。把一块积木放入一个砖头大小的沙盒(或类似的盒子，如果没有沙盒，可用鞋盒做一个)里，让儿童将它拿出来，但手不能碰到盒子。给儿童各种材料，如磁铁、小木块、绳子、尺子、冰棍棒等，看他们能用多少办法来完成这个任务。

2. 当儿童能用几种方法将木块拿出沙盒后，让他们讨论各自的方法，并问他们认为哪种方法最方便，哪种方法最快，哪种方法最麻烦。

3. 让儿童画出或写下他们解决问题的策略，并将这些作品放在沙盒旁，

以便其他儿童检验这些方法。告诉儿童，当用一个物体搬动另一个物体时，用的就是一个简单机械。

其他活动：

让儿童用杠杆再做些实验。给他们一个 3 英尺长的木板和木质圆筒作为支轴和杠杆，将支轴放在木板的中心，看他们能把多少纸抬到有一张椅子高的地方。将支轴移近纸堆看看他们能够把多少纸抬起来。将支轴远离纸堆，看看他们又能抬起多少纸。鼓励儿童改变支轴的位置，看看能够搬动多少纸，并做记录。

与儿童讨论杠杆是以什么方式将工作变得容易的（杠杆越长越省力，越方便；杠杆越短越费力）。

利用机械解决问题

儿童活动为主
小组活动

斜　面 XIEMIAN

目标:

探索用斜面帮助解决问题的各种方法

核心要素:

- 检验假设
- 比较和对比

材料:

- 3 英尺长的木板,18～24 英寸长的木板
- 木块或书、砖
- 弹簧秤(一端用手提的弹簧秤)
- 绳子

步骤:

1. 这个活动是在儿童通过杠杆活动接触了一些机械概念的基础上设计的。与儿童讨论斜面,帮助他们理解斜面可以使工作轻松。带他们看看卡车装、卸货用的斜面,供轮椅上下的斜面和游戏场的滑梯等。让儿童想想自己接触斜面的经验(骑自行车或滑雪橇下坡、上山),想想是在陡的斜坡上推物体容易,还是在较缓的斜坡上推东西容易。鼓励儿童通过实验来寻求答案。

2. 儿童以班或小组为单位,用木板和木块(或书)做成两个不同长度的斜坡(一个 3 英尺,一个短些),两个斜坡高度相同,都是 6 英寸。然后让儿童设法将弹簧秤系在砖块上(例如,像系礼物那样将绳系在砖上,将弹簧秤钩在绳上),练习使用弹簧秤称一下移动砖块用的力有多大,例如,看看把砖块搬到 6 英寸高用了多少力,把它搬到斜面顶部要用多少力等,并做

记录。

3. 让儿童预测一下，是将砖块放在陡的斜面上推时用的力大，还是放在较缓的斜面上推时用的力大。鼓励儿童实验和记录实验结果，并讨论结果。通过实验儿童会发现，就像杠杆实验一样，斜面越长，用力越省。（教师应注意，虽然斜面长些感觉省力，但是与在陡的斜面上推同一物体所做的功是相同的，因为砖在长的斜面上推动的时间要长些。功是所用的力与在力的方向上移动的距离的乘积。）

利用机械解决问题

儿童活动为主

小组活动

在坡道上滚动 ZAI PODAO SHANG GUNDONG

目标：

了解坡道以及坡道上物体的运动

核心要素：

- 检验假设
- 记录并解释数据

材料：

- 2 或 3 英尺长的木板、木块或书
- 两个相同的皮球，不同重量和大小的球
- 测量工具（大小不同的立方块、尺子、绘图纸）

步骤：

1. 将儿童分成小组进行实验，比较从不同高度、相同长度的斜坡上滚相同的球（球比坡道的宽度小）有什么不同。鼓励儿童搭两个坡道，一个 3 英寸高，另一个 6 英寸高（在这之后，他们可以建更高的坡道），让他们预测是从高（陡）的斜坡上还是从矮（缓）的斜坡上滚下来的球速度快。教师可引导儿童用木板挡在斜坡的底部，便于观察（看、听）哪个球先到坡道底部（先碰到木板）。

2. 鼓励儿童分工合作进行实验（放小球，倒数计时）并记录数据，讨论结果，看看斜坡的高度怎样影响小球滚下的速度。

3. 如果拿开斜面底部的木板，让小球下滚，哪一个斜坡的小球滚得远些？让他们用多种方法测量小球滚动的远近（用立方块、绳、地砖、尺子或用绘图纸铺在斜面底部的地上来测量），量一量小球会在哪里停下，记录并讨论结果。

4. 如果坡道的高度相同，小球不同，会产生什么现象？找出各种不同的小球，做两个相同高度的斜面。让儿童自己提出问题，设计实验寻找答案。例如，两个外观（体积）相同、但重量不同的小球，哪个滚得更快？（教师注意：测小球到达底部的瞬间）哪个滚得更远？两个体积不同的小球，哪个滚得更快、更远？

其他活动：

1. 让儿童把各种东西放到斜面上滚动（如玩具车、铅笔、电池、螺丝钉等），看看哪些东西能在斜面上滚动。如果斜面较陡，哪些东西能滑动？哪些东西会由于斜面的某种放法而滚动，但在另一种放法下却不会滚动？哪些东西滚到斜面底部时最稳？

2. 给儿童一些橡皮泥，让他们做成各种形状的东西，预测一下哪些会滚，哪些不会滚。鼓励他们测量和比较各种形状的东西滚动的情况。

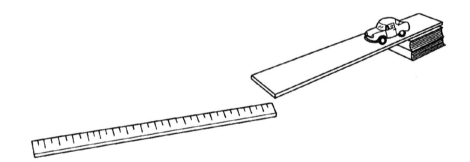

利用机械解决问题

轮和轴 LUN HE ZHOU

目标：

通过实验，测定一种简单机械——轴的功能

核心要素：

- 检验假设
- 记录数据
- 小肌肉精细动作技能

材料：

- 弹珠
- 小盒子
- 轮子(用钉子、铅笔或其他东西穿过中间做的轴，儿童用双手可握住轴的两端)
- 比萨饼切割器
- 可以洗掉的颜料
- 用于调色的塑料盘
- 绘形状的图表(每个儿童 3 份，与下页所示相同)
- 数据记录表(与下页所示的相同)

步骤：

1. 出示样图，让儿童用 3 种工具(弹珠、中间带轴的轮子和比萨饼切割器)来沿着这个图形的轮廓追踪一遍(类似小学生写字描红，不过不是用笔，而是用机械——译者注)，问他们哪一种工具用起来最方便，哪一种用起来最麻烦，并记录他们的回答。

2. 给每个儿童3页纸，纸上画有一种形状（如圆形或方形），把一张纸放在小盒子里。教师演示：把蘸满颜料的弹珠放在盒子里，然后倾斜盒子使弹珠滚动，纸上就印下弹珠滚动的轨迹。儿童会认识到，要让弹珠按图形的边滚动是不大可能的，因为没法控制它。告诉儿童不能用手指去推弹珠（那样他们的手指就像一个控制弹珠运动的轴）。

3. 将另外两张纸放在桌上，演示怎么在颜料中滚动轮子，然后描图。鼓励他们用比萨饼切割器重复实验（儿童会认识到有轴的东西好控制多了）。

4. 问儿童哪种工具使用最方便，哪种最麻烦，让他们把自己的回答记在记录表中。

5. 用另外一两种简单形状的样图，如星形图或涂鸦线重复实验。

6. 与儿童讨论轴有什么用处，它怎么帮助控制轮子，在小汽车中有什么作用，为什么比萨饼切割器比其他轮子更好用等。

其他活动：

有的儿童可能愿意用轮子和轴造一个小的汽车模型，在地板或桌上滚。给儿童一些买来的建构套件中的轮子和轴或木榫、金属棒、轮盘或木质线轴等。教师可提供一些制作车身的材料和适当的工具（如木屑、手用锯、夹钳、砂纸、钉子、锤子、木胶、颜料或纸盒、胶水、剪刀、标签等），让儿童写出几个计划，想想每一种计划怎样实施，选最有效的一种来操作。

有关轮和轴的数据记录表

哪种东西用来描图最方便？（1＝最易，2＝中等，3＝最难）

预测：

	弹　珠	轮　子	比萨饼切割器
○			
☆			

续表

	弹　珠	轮　子	比萨饼切割器

结果：

	弹　珠	轮　子	比萨饼切割器

　　教师可以查找一些有说明的、带图的书来指导儿童。比如，由威廉斯和大卫编的《5～12岁儿童的设计和工艺》一书就说明了儿童怎样使用小木块做汽车底盘，如何用纸板三角架加固等。儿童可以用纸板做他们喜欢的交通工具，像卡车、公共汽车、赛车等。

带回家的活动

拆　卸 CHAIXIE

目标：

练习使用、操纵简单工具，探索如何组装机械的各个部分

材料：

- 废旧的机器或器具（如打字机、电话、钟、手电筒）

- 榔头

- 飞利浦头螺丝刀和普通的螺丝刀

- 金属剪

- 两个中等大小的盒子

注意事项：

1. 这个活动为儿童提供了拆开机器和检查内部零件的好机会，儿童可以按自己的方式（无所谓对与错）进行活动。在活动过程中，家长可认真观察儿童如何使用工具，以及其对机器部件的认识。

2. 如果上述工具不全也没关系，可以利用现有的工具进行这个活动。

3. 此活动需要父母的密切关注。家长应帮助儿童学习怎样使用工具，并注意安全。

步骤：

1. 向儿童介绍各种工具。如果儿童不熟悉，应与其谈谈每种工具的用途、使用时间和使用方法以及应遵守的规则等。

2. 给儿童一个坏的机器或器具进行拆装。需要强调的是，必须有家长在一旁，儿童才能进行拆装活动。儿童开始拆时，家长可以问一些问题，比如：

- 螺丝刀可以拆下哪些零件？

- 什么时候用飞利浦头螺丝刀？

- 老虎钳可以做什么？

- 是否可以把一些螺丝钉或小零件安在另一个部位？

- 机器内部是什么样子？

- 部件连接的方式有一些共同的地方吗？比如，每个螺丝钉都用垫圈吗？

3. 当儿童完成以后，建议其将主机和零件分别装在两个盒子里。如果家里有多余的空间，可把儿童拆的这些部件留下，这样儿童今后可能会用它们来进行发明创造。

分享：

鼓励儿童把一些零件带到学校，向同学介绍各个零件以及用哪一种工具能把它拆下来。这可能会引起其他儿童对更多细节的兴趣。

带回家的活动

瞧，不用手也行 QIAO, BUYONG SHOU YEXING

目标：

有策略或有规划地解决问题，想出解决同一问题的多种方法

材料：

- 2 个纸盘
- 6～10 个乒乓球
- 几个胶卷筒
- 塑料泡沫，爆米花或其他轻小物体
- 信封
- 1/2 英寸宽的不透明胶带或 1 英寸宽的玻璃胶纸
- 塑料口袋纽
- 12 英寸长的绳
- 8.5 英寸宽、11 英寸长的纸
- 麦秆吸管
- 圆珠笔或铅笔
- 纸杯或塑料杯
- 塑料袋
- 冰棍棒
- 牙签或木签
- 生日蜡烛

注意事项：

解决问题的能力是儿童日常生活中需要的重要能力之一。这项活动要求儿童用所给的材料及说明去解决与机械有关的问题。在儿童解决这个问题的

过程中，家长应注意观察其采用的策略，看看儿童是用试误的方法或简单地猜测策略，还是有条理、有计划地进行，观察儿童怎样运用在实验中学到的知识。不少儿童喜欢用自己的方式解决问题，这个活动鼓励他们想出多种办法来解决同一个问题。

步骤：

1. 告诉儿童要解决一个问题。假如乒乓球是有毒的，不能用手碰，怎样不用手把球从一个盘子放到另一个盘子呢？让儿童想出解决这个问题的办法，并进行尝试。儿童可以用家长提供的各种材料，但必须用不同的方法移动每个球。

2. 不限制时间，放手让儿童去探索、计划和构思。

3. 当儿童找到办法时，可问这样一些问题：

● 哪一种方法最容易，为什么？

● 哪一种方法最复杂，为什么？

● 哪一种方法最好，为什么？

分享：

这个活动对其他家庭成员有较大的挑战性，儿童可能会向别人介绍并指导别人进行这个活动。

带回家的活动

你会造房子吗 NIHUI ZAOFANGZI MA

目标：

用纸牌造房子

材料：

- 一副扑克牌
- 平整、牢固、光洁的表面（如桌面、地板）

家长注意：

用纸牌造房子是一项盛行的活动。它所需的材料不多，但颇费思考。用纸牌来搭房子，儿童得考虑平衡、重量和结构。注意儿童在修建时提出的问题，有的儿童会发现这个活动非常有趣而玩性大发。下图是搭法之一。

步骤:

1. 用挑战的方法引入活动。给儿童两张牌,看其能否将它们对靠着搭成一个像倒 V 的形状。

2. 当儿童知道怎样搭建倒 V 字形后,让他们搭两个倒 V 形挨在一起。让儿童用这样的倒 V 形来搭一个房子。如果儿童不知道怎么办,建议其在两个倒 V 形顶部平放一张牌,这样就可以继续搭下去。

3. 用其他办法将纸牌搭成房子等有趣的造型。儿童会有多少搭法,家长要鼓励其试试,可以问这样一些问题:

- 什么东西有助于纸牌竖立起来?
- 什么会使纸牌倒塌?
- 在造的东西倒之前你能搭几层?

4. 更具挑战性的问题:能否用整副纸牌搭成一个建筑?

分享:

用纸牌搭房子是很有趣的家庭活动,甚至可以进行比赛。不少儿童也愿意和小伙伴在学校进行这个活动。

资源和参考资料

Brown，D. (1991). *How things were built*. New York：Random House.

Darling，D. (1991). *Spiderwebs to sky-scrapers：The science of structures*. New York：Dillon Press，Macmillan.

Dunn，S. & Larson，R. (1990). *Design technology：Children's engineering*. New York，London：Falmer Press.

＊Educational Development Center，Inc. (1991). *Balls and ramps*. An Elementary Insights Hands-On Science Curriculum. Newton，MA：Author.

＊Elementary Science Study. (1976). *Mobiles*. St. Louis：McGraw-Hill.

＊Elementary Science Study. (1968). *Primary balancing*. St. Louis：McGraw-Hill.

＊Elementary Science Study. (1968). *Structures*. St. Louis：McGraw-Hill.

Gibbons，G. (1982). *Tool book*. New York：Holiday House.

Homan，D. (1981). *In Christina's tool box*. Chapel Hill，NC：Lollipop Power.

Macaulay，D. (1975). *Pyramid*. Boston：Houghton Mifflin.

Macaulay，D. (1977). *Castle*. Boston：Houghton Mifflin.

Macaulay，D. (1988). *The way things work*. Boston：Houghton Mifflin.

McPhail，D. (1984). *Fix-it*. New York：Dutton.

＊Nelson，L. W. & Lorbeer，G. C. (1984). *Science activities for elementary children* (8th ed.). Dubuque，IA：Brown.

Rickard，G. (1989). *Building homes*. Minneapolis，MN：Lerner Publications.

Rockwell，A. & Rockwell，H. (1972). *The tool box*. New York：Macmillan.

Skeen，P.，Garner，A. P. & Cartwright，S. (1984). *Woodworking for young children*. Washington，DC：National Association for the Education of Young Children.

＊VanCleave，Janice. (1993). *Machines：Mind-boggling experiments you can turn into science fair projects*. New York：John Wiley & Sons.

＊Williams，P. & Jinks，D. (1985). *Design and technology 5-12*. London：Falmer Press.

＊Williams，R. A.，Rockwell，R. E.，& Sherwood，E. Q. (1987). *Mudpies to magnets：A preschool science curriculum*. Mt. Rainier，MD：Gryphon House.

Wilson，F. (1988). *What it feels like to be a building*. Washington，DC：Preservation Press.

注：全书中带＊号的文章均可在准备活动时参考。

科学活动 KEXUE HUODONG

注：本部分作者为陈杰琦。

科学活动概述 KEXUE HUODONG GAISHU

　　如果科学家是研究其周围世界规律的求知者的话，那么儿童则是天生的科学家。他们有无穷无尽的好奇，而且常常把这种好奇付诸行动——摸摸、尝尝、掂掂、搅拌、倒进倒出……通过各种尝试增长知识。

　　这里介绍的科学活动是想告诉儿童：满足好奇、探究世界的方法是丰富多彩的。在照料植物或小动物时，他们实际上就是在发展观察技能；当探究磁铁、化学物质的本质时，他们就在发展提问、检验假设和解决问题的能力。总之，我们设计的活动是想向儿童展示观察、实验、分类、解决问题以及求证过程的乐趣，启迪他们对科学的向往。

　　这一章分为两部分。第一部分是小实验，如寻找能被磁铁吸住的东西，看看水和油混合后的现象等。这些活动一般有时间的限定。第二部分则为儿童留出了较多自由探索和进行实验的时间。比如，记录从秋天到春天的天气情况，外出观察自然变化等。

　　这里展示的所有活动都围绕一个中心，即激发儿童的好奇心，鼓励他们用新的方法来探索周围世界，让儿童感到学习不是死记硬背，而是思考、验证，是主动探究而不是被动接受，是创造而不是模仿。

　　在介绍科学活动时，教师应突出科学探究的过程，可以从提问开始。比如，"假设你想尝一种新的食品，你会怎么办？""当看到商店里有很多玩具熊时，你如果想买一个柔软的，该怎么挑选？"等等。这些问题能够帮助儿童意识到他们可以用自己的感官获得所需的信息。你或许会发现，儿童在许多方面的确像是天生的科学家。

　　为了突出这一点，还可以问以下问题："你想了解什么？""你怎样才能知道得更多？"让儿童写出最能描述当科学家想知道某种新事物时会做些什么事情的清单，帮助他们理解有关术语，如观察、探索、实验、研究、分析和检验等。

　　如果可能，可以邀请科学家到学校来介绍一些实验器械或某个实验，让儿童有机会接触到专职的科学工作者，看看真正的科学家在做些什么。

关键能力 GUANJIAN NENGLI

观察技能

- 用一种或多种感官仔细观察物体，了解其物理特性
- 经常注意周围环境的变化（如长出的新叶、树上的虫子、细微的季节变化等）
- 表现出用绘画、图表、序列卡或其他方法做观察记录的兴趣

区分相似和不同

- 喜欢比较、对比物体和事件
- 会将物体分类，经常注意到物类之间的相似和差异（如比较螃蟹和蜘蛛）

假设和检验

- 在观察的基础上进行预测
- 提出"如果……就……"一类的问题，并学习解释事物
- 进行简单的实验，检验自己及他人的假设（例如，将大大小小的石头投到水中看看是否有的沉得快些，用颜料代替水浇植物看看有什么现象等）

对自然现象的兴趣

- 表现出对各种科学主题的广阔知识，并自发地提供有关的信息，报道自己及他人有关自然世界的经验
- 对自然现象及有关的书籍（如自然史）表现出长时间的兴趣
- 习惯对看到的物体提出问题

教师指导为主
小组活动

科学家使用什么工具 KEXUEJIA SHIYONG SHENME GONGJU

目标：

学会使用工具和设备解决科学问题

核心要素：

- 观察
- 解决问题

材料：

- 生物学家组：托盘、显微镜、织物片、羽毛、杂志图片
- 医生组：托盘、听诊器
- 调查员组：托盘、放大镜、印泥纸
- 化学家组：托盘、滴眼器、冰盒、食用色素

步骤：

1. 将四组材料放在盘子里给儿童，告诉他们这些是科学家用的工具器材，要他们也像真正的科学家那样使用这些东西。让儿童认识这些器材，启发他们想出使用这些器材的各种方法，然后将他们分为四个小组。

- 让第一组的儿童做"生物学家"。放一台显微镜在他们面前，问他们能否说出它的名称、作用。向他们说明："显微镜能够把东西放得很大。我们平时用肉眼无法看清楚或根本看不见的东西在显微镜下放大了很多倍，因而可以看得很清楚。"让儿童把织物片、羽毛、图画放到显微镜下看，比较一下在显微镜下看和不用显微镜看有什么不同。演示怎样调节焦距和显微镜上反光镜的角度，使观察效果更好。

- 把听诊器发给第二组儿童，告诉他们做"医生"。医生是研究人体的科

学家。问问他们知不知道盘子里的各种器具的名称，以前见过这些东西没有，这些东西是用来干什么的。教师可以这样向他们解释："医生通常用听诊器检查我们的心跳。就像显微镜放大物体那样，听诊器放大声音，用它可以将平时耳朵听不太清楚的声音放大到能听得清楚。"让他们自己找一个伙伴，互相听听对方的心跳。然后，问他们当同伴躺下、站立、跳动时心跳有什么变化；是不是有时跳得较有力，有时跳得比较轻；有时跳得快些，有时跳得慢些；心跳是否有强弱、快慢不同。教师最好帮助他们做一个记录这些变化用的表格。提醒他们不要对着听诊器说话或喊叫。

● 告诉第三组的儿童，他们做"调查员"。问他们放大镜有什么作用。向他们说明："放大镜就像显微镜那样，能够将物体放大，使我们看清楚小的物体并做出清晰的记录。"让儿童把手指放到印泥里（每次一个指头）按一下，然后在纸上按出自己的指纹印。看他们能不能看出自己的指纹是旋纹（旋涡状）、弓纹（拱形）还是环纹（圈状）。告诉他们把手指印放到放大镜下能够看得更清楚。看指纹时，提醒儿童先将放大镜平放在印有指纹的纸上，慢慢拿起，直到图像清晰为止。

● 请第四组儿童做"化学家"，他们可用几种物品产生新的东西。教师将两种色素混合，问他们看到了什么变化。给他们每人两个冰块盒，一个盛有水，一个装食用色素，让他们试试能混合出多少种颜色。鼓励儿童相互比较调出的颜色，说说怎样调出新的颜色。

2. 让每个小组的儿童在最初被安排的活动中玩大约 15 分钟，然后再换着参加另外的活动。

注意事项：

1. 本活动的目的是使儿童开始了解科学工具和设备，他们将全年使用这些东西。这一活动也许要持续一学期以上。

2. 如果儿童有兴趣，可以加入以下内容：

● 第一组：让儿童找一些别的细小物放在显微镜下观察，像头发、擦东西留下的碎屑、铅笔屑等。

- 第二组：看儿童能不能找到身体各处的脉搏，如胸、腕、颈、指等处。
- 第三组：用放大镜看报纸上的铅字、树叶上的图案、照片上人的脸部以及第一组看的东西（头发、铅笔屑）等，对比放大镜和显微镜的不同功能。
- 第四组：儿童可以根据自己的探究发现调颜色的方法或列出各种调色方法的清单。

我的指纹是：

环纹　　　　　弓纹　　　　　旋纹　　　　　其他

小实验

教师指导为主/儿童活动为主

小组活动

怎样开动玩具车 ZENYANG KAIDONG WANJUCHE

目标：

通过实验了解磁铁的作用

核心要素：

- 检验假设
- 比较与对比
- 观察

材料：

- 金属玩具车
- 强性磁铁
- 吸管
- 尺子
- 胶带
- 金属丝
- 冰棍棒

步骤：

1. 引入活动时，告诉儿童有一个问题要请他们解决。向儿童出示一辆金属玩具车，要他们不接触小车而让它开动起来。

2. 把儿童分为几个小组，每组发一辆玩具汽车。鼓励他们用各种东西使小汽车在桌上开动起来。还可以给儿童设计一个记录表格，让他们画出或列出能使小汽车开动的东西以及使用的方法和效果。

3. 当儿童尝试了各种物品后，问他们："你们用什么可以使汽车开动起来?"如果有儿童发现磁铁可以使汽车开动,请其说出来。如果其他儿童有别的想法,鼓励他们说出来,并问他们是否认为这些方法可行。仔细观察、听取儿童的发现和讲述(其他方法可能是用尺子推或使桌面倾斜),通过儿童的谈论启发他们思考哪种活动对今后几天的活动会有帮助。

其他活动:

1. 扩展本活动,设计另一个利用磁铁的活动。把儿童分为几个小组,每个小组发一块磁铁和一盒小物件,如夹纸用的回形针、钉子、弹珠、硬币、念珠、罐头开环等。让儿童像科学家那样找出与磁铁相吸引的东西(确认他们能说出"吸引"的含义)。

2. 告诉儿童,科学家常常把实验结果记录下来,用来发现某种模式或规律。所以,要学习保存自己的发现。可以让儿童在桌上贴两个标记("吸引""不被吸引"简单写为"是"与"否"),把检验过的物体放在标记上,以示结果。或者教师帮助他们设计一个图表,如下表(磁铁实验记录表),供他们记录实验结果。

3. 组织一次讨论,看看儿童是否发现了能与磁铁相吸引的物体的共同特点。儿童可能会形成这样的概念——大部分金属与磁铁相吸。也会有儿童不同意。教师可以在讨论后与儿童一起分析,帮助儿童理解金属能与磁铁相吸是因为它们含有钢或铁等成分。

磁铁实验记录表

磁铁吸引这种东西吗? 在"是"或"否"上画圈。

钉子	是	否
回形针	是	否
弹珠	是	否
罐头开环	是	否
念珠	是	否
硬币	是	否
＊	是	否
＊	是	否

＊:把自己选的东西分别放在这两个格子中。

小实验

光和影子有什么关系 GUANG HE YINGZI YOUSHENME GUANXI

目标：

探讨光和影子的关系

核心要素：

- 理解空间关系
- 比较、对比
- 观察能力

材料：

- 图书《熊的影子》(Frank Arch 著)
- 手电筒
- 粉笔

步骤：

1. 给儿童讲《熊的影子》的故事。这本书是讲一只想去掉自己影子的熊的故事。问儿童一些有关影子的问题，如"你知道影子吗?""你在什么地方能看到影子?""在什么时候能看到影子?"等等。

2. 问儿童："在教室里看见过影子吗?""怎样做出影子?"鼓励他们尝试自己的想法。教师可为他们提供一些可能用到的材料，如手电筒等。

3. 在有阳光的日子，带儿童去户外，让他们把自己的影子藏起来，看他们怎么做。藏到大的影子里会怎么样？在游戏场的阴凉处呢？怎么改变自己的影子，把影子变得大些、小些、瘦些、宽些？怎样改变影子的形状？让儿童用不同的物品制作影子，如伞、书等。

4. 让儿童结对在走道上或在铺有沥青的游戏区互相记录对方的影子。

每2~3小时回到同一点，看看影子是否发生了变化，是变大了、变小了，还是变宽了、变长了？从不同的角度看又是什么样子？

5. 捉影子的游戏：一个儿童试着通过踩另一个儿童的影子去捉住他。尝试用不同的方法踩影子，用自己的影子去碰别人的影子，用自己手的影子去碰别人的影子。

小实验

神奇的水滴在干什么 SHENQI DE SHUIDI ZAI GANSHENME

目标：

进行实验，对比水滴滴在不同的纸张上的现象

核心要素：

- 比较、对比
- 做实验

材料：

- 不同的纸张（如打印纸、蜡纸、报纸、纸巾等）
- 各种不同的包装纸（如铝箔、塑料包装纸）
- 水
- 滴眼器
- 放大镜

步骤：

1. 把儿童分成几个小组或者集体在一起进行活动。教师把水滴到不同的纸上（从铝箔开始），看看水滴是停在某处，还是扩散开来，或是停在表面，还是浸透下去。

2. 请儿童单独或以小组为单位做实验。用滴眼器在一张铝箔上滴水，看看大大小小的水滴或水堆是如何形成的。用滴眼器在水滴边缘划动，又会怎样？能不能将水滴从一处推移到另一处？水滴在多大程度上能彼此靠近而又保持各自的独立存在？

3. 拿出其他纸张，问儿童在不同的纸面上滴水会有什么现象。滴在纸巾上和滴在铝箔上的形状一样吗？是否形成相同的形状及水滴群？与儿童讨

论这个实验，问他们发现了些什么，并记下他们的回答。

4. 与儿童讨论不同质地的纸或包装材料，讨论：它们的表面有什么不同？哪些吸水，哪些浸水？哪些吸、浸得最多？哪些吸、浸得最少？

5. 让儿童把纸分成两组，一组是能吸水的，一组是不能吸水的，说说能吸水的纸与它们的用途有什么关系。例如，为什么用纸巾来擦洒出的水，而用铝箔包剩余物？

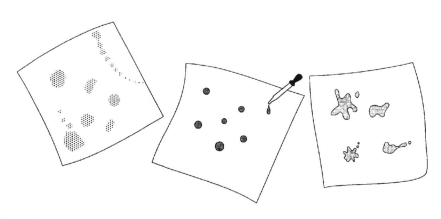

其他活动：

1. 鼓励儿童用不同的液体进行实验，如醋、油、蜜糖等，让他们自己想想可以用来做实验的其他液体，如牛奶、苹果汁、茶、咖啡等。

2. 让儿童用放大镜观察不同液滴的边缘及中间部位，说说不同的液滴是否相像。如果彼此不相像，又有什么不同？

3. 鼓励儿童用不同液体的水滴"画图"，看看哪种液滴干得快，哪种干得慢。过一段时间后，看看哪种液滴发生了外形上的变化。

4. 记下儿童提出的问题和他们的发现，鼓励儿童将自己的问题和发现画出来，并收集成书。

备注：本活动引自《基础科学研究》(1971) 中的"小水滴、小溪和容器"部分。

小实验

哪种感官能帮助你 NAZHONG GANGUAN NENG BANGZHU NI

目标：

了解自己的感官可以帮助自己解决问题

核心要素：

- 比较、对比

- 检验假设

- 得出结论

材料：

- 无色透明的液体（水、糖水、盐水）

- 琥珀色的液体（蜜、黄醋、苹果汁）

- 黑色的液体（咖啡、可乐、酱油）

- 9个透明、带盖的塑料杯

- 纸杯

步骤：

1. 将各种液体倒入塑料瓶，把报纸或桌布铺在桌子上。

2. 告诉儿童有问题要他们解决。桌上有3个装有不同液体的瓶子，问他们能不能分辨出哪一个瓶子里装的东西是自己最喜欢的饮料（这3个瓶子里分别装有苹果汁、水、可乐）。儿童通常是用眼睛看来进行分辨。鼓励儿童用别的办法解决类似的一些问题：这些瓶子里装的东西都很相像，你怎么知道哪个瓶里装的是什么？怎么判断出哪一瓶是苹果汁，哪一瓶不是？

3. 将儿童的问题引向人类的感官功能。虽然可以通过眼睛看来判断液体的种类，但有时还需要其他感官的参与。鼓励儿童闻各种液体，告诉他们可以倒一点液体到纸杯中尝尝。

4. 让儿童把自己的发现告诉小组内的同伴，帮助他们总结感官的功能。为了安全起见，教师应告诫儿童在没有教师、家长或其他负责人员在场时，决不能把没有标签的瓶里的液体倒出来！

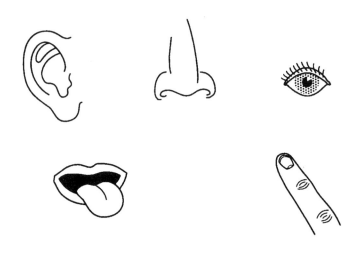

注意事项：

为了保证安全，要向儿童强调，在没有家长、教师或其他负责管理的成人指导的情况下，不能喝没有标签的瓶子里的东西。

小实验

哪种食品含脂肪 NAZHONG SHIPIN HAN ZHIFANG

目标：

做实验并记录结果，了解健康食谱

核心要素：

- 观察
- 记录和解释观察结果
- 得出结论

材料：

- 6 种不同的食品，比如早餐用的干麦片、甜饼、饼干、蛋黄酱、苹果、葡萄或其他水果少许
- 熏香肠
- 纸
- 记录表

步骤：

1. 与儿童讨论健康食品，可以借此机会介绍美国食品与药品管理委员会提出的食品金字塔。让他们各举几例说明非营养食品和健康食品，教师可记下儿童的回答，并引导儿童讨论每组食品有哪些共同点。可集中讨论非营养食品中含有什么不利于健康的成分（如过多的脂肪、糖、盐或缺乏维生素和矿物质）。

2. 告诉儿童要做一个实验，检查 5 种不同的食品，看看哪些食品中含有脂肪。给每个儿童 6 张纸，让他们使劲地将一种食品在一张纸上擦，将纸对着光线看。在记录表上记下观察到的情况。这些食品看起来是含有大量脂

肪，还是只含有一点，或者一点也不含？

3. 用每种食品做上述实验。比较结果，问儿童一些问题，如"根据实验，怎么知道一种食品比另一种食品含更多的脂肪？"

备注：本活动引自 1984 年出版的《小学儿童科学活动》（第八版），作者为 L. W. Nelson 和 G. C. Lorbeer。

从秋天到冬天到夏天发生了什么变化

CONG QIUTIAN DAO DONGTIAN DAO XIATIAN FASHENG LE SHENME BIANHUA

目标：

- 学习观察和研究季节变化
- 学习保护周围环境

核心要素：

- 观察
- 比较、对比
- 记录并解释观察结果
- 对自然的兴趣

材料：

- 塑料袋或纸袋（每人 1 只）
- 观察用的文件夹（每人 1 个）

步骤：

1. 此活动主要通过外出散步完成。每次散步布置不同的主题，比如，春天散步观察季节变化，夏天散步寻找绿色植物，秋天散步拾树叶，在地球日散步拾垃圾或清扫自然界中的废物。这些活动都能检验儿童的观察能力。设计到大自然中散步的主题活动，目的是让儿童注意力集中，而不是限制他们自发的活动及兴趣。在保证安全的条件下，户外散步是儿童自由地观察和探索周围环境的好办法。

2. 如果每次散步都按同一路线进行，可以邀请每个儿童"申请"一块属于他的小块土地或物品，在上面做一个永久性的标记，以便在各个季节都能认出来。可以画出路线，标出儿童的区域，鼓励他们注意自己区域的独特性：是阴暗还是明亮，是草场还是沥青路面，是有物体(树或岩石)还是空地等。在儿童选择区域之前，告诉他们将在自己选定的地方或物品处进行一年的科学研究，观察由季节引起的各种变化，寻找生命物。每个儿童做一个文件夹收集观察到的东西，他们也可以增加一块地方或物品，但必须说明理由。

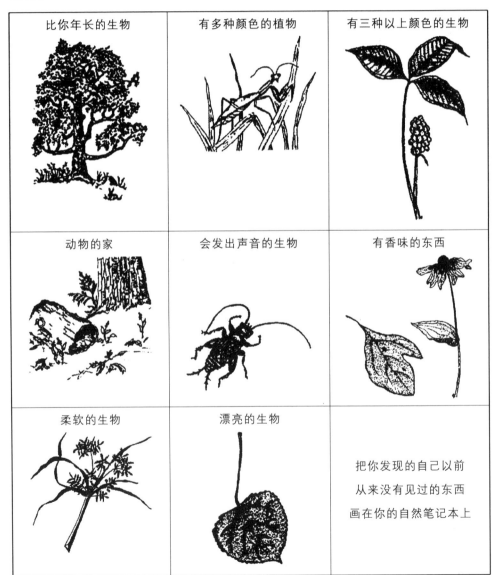

比你年长的生物	有多种颜色的植物	有三种以上颜色的生物
动物的家	会发出声音的生物	有香味的东西
柔软的生物	漂亮的生物	把你发现的自己以前从来没有见过的东西画在你的自然笔记本上

3. 每次散步期间或之后，所有儿童必须写下、画出他们的观察结果，尤其是要记录对他们自己区域的观察结果，例如，那里有什么变化？是否保持原样？用选项或工作单的记录方式可能有助于儿童记住他们所见之物。比如，给他们每人一张写、画有日常用品、植物、昆虫等的名单或图片，让他们勾出在他们的区域或物体中可以发现的项目。

4. 活动后进行讨论，拓展儿童的自然观察，丰富他们对周围环境的知识，还可以配上各种活动作为"散步"活动的补充。比如，制作树叶拼贴，用天然物创制图案等(参见视觉艺术活动部分)或利用废物进行创作。

5. 在大自然中的散步为儿童提供了收集他们感兴趣的自然物的好机会，也使教师能观察到儿童如何以自己的方式进行活动，又是如何以不同于别人的独特方式接触自然的。

长跨度活动

儿童活动为主
小组活动

玩水时你发现些什么 WANSHUISHI NI FAXIAN XIE SHENME

目标：

通过玩水游戏了解实验程序

核心要素：

- 检验假设

- 比较、对比

- 测量

材料：

- 水缸（盆）

- 围裙或罩衫

- 玩水用的各种器皿：瓶子、滤网、盛草莓的篮子、针筒、管子、水车、杯子、滴眼器

注意事项：

1. 以下 5 个活动都要用水盆，最好把活动安排在水源附近，并配备拖把、毛巾。提醒儿童注意不要把水溢出，如有溢出，立即擦干。每次活动要根据水盆的大小限定活动人数。

2. 让儿童在休息时间或完成其他活动后玩水。有的时候准备好水盆，让儿童自由地玩水，把水倒进倒出。而另一些时间，可引入科学实验，让儿童形成假设，仔细观察，操作材料，检验结果。

3. 有关水的实验是开放的。以下列出了用于专门实验的材料，多数可以多次使用。教师可向儿童提问，帮助他们形成假设并通过实验得出结论。

活动 1　倒进倒出

材料：

- 茶匙
- 棉球
- 杯子
- 吸管
- 滴眼器
- 不同大小的漏斗和长管子
- 无针头注射器

问题：

1. 一杯水流过漏斗要花多少时间？（儿童可以数秒数。）

2. 你能找到什么东西或装置让水漏得快些吗？（出示几种东西：大小不同的漏斗、管子附件、棉球以及其他一些能通透的堵塞物。）

3. 为他们提供滴眼器、茶匙、吸管、没有针头的注射器等。问："你能说出哪种东西可以使杯子最快地盛满水吗？"

活动 2　沉浮的物体

材料：

各种沉、浮物体，如胶卷筒、海绵、塑料蛋、垫圈、软木塞、硬币、石头、木块、铝箔等。

问题：

1. 你认为哪些东西会浮起来？

2. 你认为哪些东西会沉下去？

3. 为什么有的东西会浮起来，有的会沉下去？

4. 你怎么知道轻的东西总是上浮？重的东西总是下沉？（当儿童只认为沉浮是由于物体的重量时，就问这个问题。）

5. 你能找出让下沉物上浮的东西吗？

6. 你能使上浮物下沉吗？你能使下沉物上浮吗？

活动 3　溶解

材料：

- 塑料容器
- 滴眼器
- 调羹
- 各种液体、固体，如食用油、食用色素、颜料、洗发水、沙、玉米粉、面粉、盐、糖

问题：

1. 当你倒入_____时，水会变成什么样子？
2. 你能分辨哪一瓶是糖，哪一瓶是盐吗？你怎么知道的？
3. 当你加入色素和颜料时，水还是原来的样子吗？

注意事项：

将材料标上 A、B、C、D 的编号，告诉儿童可以用字母代号记录实验情况，比如，A＋B＋C＝产生的结果。让儿童在容器里而不是在水盆里混合液体。

活动 4　容积和守恒

材料：

各种各样适宜的塑料容器、量杯、瓶子

问题：

1. 这个瓶子里的水比另一个瓶子多吗？
2. 怎么知道这个瓶子里的水多些？
3. 怎么检验两个瓶子里的水是等量的？

长跨度活动

儿童活动为主

小组活动

什么使面包胀起来 SHENME SHI MIANBAO ZHANGQILAI

目标：

通过实验和烤面包了解化学变化

核心要素：

- 观察
- 测量
- 检验假设
- 记录并解释观察

注意事项：

1. 每天，全世界的厨房里都在进行着不可思议的化学变化，常见的原料——面粉、糖、盐混合在一起，就变成热乎乎、香喷喷、富有营养的面包。在这个活动中，让儿童做一系列的实验看看是什么配料使面包变得蓬松。在此过程中，他们可以逐渐了解化学物质是影响他们日常生活的一种物质。

2. 将此活动扩展，鼓励儿童做实验并自己做饭菜。与他们讨论怎样结成小组一起进行实验或商定菜谱。能轮流做吗？是不是自愿参加不同的任务？活动一旦开始，要用适当的问题来支持和激励他们。比如，"茶匙和汤匙有什么不同？""如何精确地确定你刚好取了一汤匙，或刚好取了一杯？"

3. 此活动可以用不同的方法加以拓展。例如，当他们制定食谱、取量配料时，可以学习语言及数学技能。此外，他们还可以卖面包，定价格，给面包贴上标签，找零，结算收入等。为了提高儿童的社会理解能力，可以请家长送一份家里或所在的文化环境中做面包的独特配料及做法，将这些食谱收集在班级的烹饪手册里，让儿童按照其中的一些配方试着烤制面包。利用烤面包的活动集中讨论有关营养的主题。

活动 1 如果……就……

材料：

- 烤面包用的器皿
- 准备做 3～5 片面包的原料（配料附后）
- 黑板、粉笔或图表纸、记号笔

步骤：

1. 如果你想做面包但又找不到烤面包用的小苏打，怎么办呢？如果你的面粉用完了或糖没有了，怎么办呢？与儿童一起集体讨论做面包所需的原料，开出清单。告诉儿童他们将进行一系列烤面包的实验，要在实验中找出哪种原料是做面包必不可少的，并回答原料中什么东西可以使面包膨松等问题。

2. 选一种看起来简单、比较容易准备的配料单来做面包。可以根据各自的爱好，也可以用下面提供的材料，还可以用某个家庭的方法来做。

3. 按照下面提供的方法和儿童一起烤面包，这样儿童能够预料烤出来的面包可能是什么样（外形和味道）的。问问他们，配料中的什么东西使面包胀起来了。

4. 再烤一次面包，这次少放一种儿童已经能叫得出的原料。烤好后让儿童边看边尝，讨论：这个面包与前面的面包有什么不同？没放入的原料对烤制面包是否重要？它能起到什么作用？它能不能使面包膨松？如果能，那么儿童就能确定一种发酵物（烤面包用的小苏打、发粉或酵母）。

5. 问问儿童他们想把什么原料省去再多烤一条面包，每次少一种配料。与他们讨论哪种配料对生面团、牛奶面糊有用，能使面包膨松。要使面包膨松还需要其他东西吗？为什么？

阿美阿姨的香蕉面包

（Sara Evans，Belmont，Massarhusetts，1998）

原料：

- 半杯黄油
- 1 杯糖
- 1 个鸡蛋
- 4 汤匙常用的酸乳酪
- 1 茶匙烤面包用的苏打
- 2 个去皮的熟香蕉
- 1.5 杯面粉
- 1/4 汤匙盐

步骤：

- 将烤炉预热到华氏 350 度。
- 在一个大碗里，把黄油和糖搅拌成奶油状，并加蛋和去皮的香蕉搅拌好备用。
- 在面粉里撒上盐，另取一只碗，把酸乳酪和烤面包用的小苏打和在一起，把这两种混合物加到香蕉泥里。在面包浅盘里涂上油，撒上面粉，倒入黄油，然后烤 55 分钟或直到烤好（插入一根牙签，抽出来时不沾上面粉即可）。
- 等面包冷却后切片。

活动 2　发酵粉和食用苏打有什么不同

材料：

- 食用苏打
- 面粉

- 发酵粉
- 6 个纸杯
- 醋
- 盛量用的调羹
- 水
- 记录表

步骤：

1. 经过烤面包的活动后，儿童可能已经发现发酵粉或食用苏打或两者均能使面包膨松。这两种配料是单独起作用的，还是有其他配料的协同作用呢？告诉儿童在下面的实验中，他们将把这两种配料与其他不同成分混合，看看有什么结果。

2. 请儿童放好 3 对纸杯，并编为 1~6 的序号，然后放一茶匙食用苏打在 1、3、5 号杯中，将茶匙擦干净，在 2、4、6 号杯中放入一匙发酵粉。

3. 完成下面的实验然后把结果记录在表格中，如是否有泡沫。为了让儿童看得清楚些，可以把每个杯子里的配料写在黑板上或表格中。

- 加 1/5 杯水到杯 1 中，1/5 杯水到杯 2 中，会怎么样？
- 将 1/5 杯面粉与 1/2 杯水混合，一半加到 3 号杯中，一半加到 4 号杯中，会发生什么？
- 分别加 1/5 杯醋到 5 号杯和 6 号杯中，会发生什么？

实验观察记录表

	食用苏打	发酵粉
1. 水		
2. 水		
3. 面粉混合物		
4. 面粉混合物		
5. 醋		
6. 醋		

4. 请儿童回忆一下实验结果，他们认为是什么使发酵粉起泡沫的？是

什么使苏打起泡沫的？面包里的泡泡起什么作用？（酸与盐混合产生 CO_2 气体，发酵粉是用 $NaHCO_3$ 做的一种盐，还加了酸性粉末。加入水或其他液体就可以使它们发生反应。苏打粉含有 $NaHCO_3$ 但没有酸，因而必须加入某种酸性物质才能产生 CO_2 气体。面包的配料中如果用苏打作为发酵剂，则必须再加入醋、水果汁、脱脂乳或其他酸性物。）掰开一片面包看看里面由 CO_2 冲出的气泡留下的小孔。

5. 问儿童，在 1 号杯和 3 号杯中加什么会使食用苏打的混合物起泡，试一试。

活动3　呀！酵母是活的

材料：

- 3～5 包酵母
- 糖
- 面粉
- 盐
- 苹果汁
- 5 个气球
- 5 个开口的瓶子
- 2 个碗
- 量杯
- 漏斗
- 记录纸

步骤：

1. 打开一袋酵母，让儿童看看、摸摸、闻闻，告诉他们这是和发酵粉、食用苏打一样可以做发酵剂的东西，但是与发酵粉和食用苏打不同的是，它是一些微生物，在适当的条件下会生长并繁殖。酵母（一种单细胞生物）很早以来就被人们用于发面包。不过，在这个实验中，儿童将用它来为气球充气。

2. 告诉儿童他们将检验用来做面包的5种配料，看哪一种最适用于加酵母。首先，让儿童将3包酵母放入一个碗里，加入温水充分搅拌(在下面的实验中可以看到，水温很关键)。

3. 接着，在5个相同的、容积为1升的瓶上贴上写有所盛原料名称的标签，即糖、面粉、盐、苹果汁。让儿童按以下的说明准备好用料。

- 在瓶子里将1/2杯糖和1/2杯温水混合，再加入1/4杯酵母，用漏斗把这些东西倒入第1个瓶子。取一个气球，将它套在瓶上，接口系紧，放在旁边。

- 将碗和漏斗洗干净。把1/2杯面粉和1/2杯热水混合在一起，加入1/4杯酵母，倒在第2个杯子里。另取一个气球套上，系紧接口，放在旁边。

- 同样在第3个杯子里取1/2杯盐加热水混合，再加入1/4杯酵母。套上气球，系好接口。

- 第5杯中放入1/2杯苹果汁(须是室温)和1/4杯酵母的混合物，同样套上气球。

4. 让儿童预测哪种食品与酵母混合效果最好。请他们每半小时查看各瓶，把观察到的现象用图、文字记在下表中。气球像什么样了？哪一个最大？哪一个最小？瓶子里的东西看起来像什么样了？有泡吗？是一团气泡吗？

5. 问问儿童气泡是怎么产生的。向他们说明在酵母将淀粉(像面粉)分解成糖类，再将糖类转变成酒精的过程中，产生了 CO_2 气体。请儿童设想一下，当酵母与面粉、糖、盐或苹果汁在面团中混合后，会发生什么现象。

酵母实验记录表

	半小时后	1小时后	1.5小时后	2小时后
面粉				
糖				
盐				
苹果汁				

活动 4   冷与热

材料：

- 3 袋酵母、面粉
- 3 个 1 升的杯子
- 2 个碗
- 纸与笔
- 3 个气球
- 漏斗、量杯
- 电炉或微波炉

步骤：

1. 上述每个实验中都加入了某种液体——通常是水，液体的温度不同会不会产生不同的效果？告诉儿童为了弄清楚这个问题，他们将做另一组有关酵母的实验。这次，每个瓶子里的原料种类和数量都相同，只改变水温。

2. 给 3 个瓶子标上沸（水）、烫（水）、凉（水），为儿童提供做实验所需要的指南（如下所示，但牵涉沸水的工作要由教师做）。

- 将 1/2 杯面粉和 1/2 杯水混合，用漏斗把混合物倒入第 1 个瓶子。在电炉或微波炉上将水加热至沸腾。将 1 杯酵母溶解于 1/2 杯沸水中，充分搅拌后，用漏斗倒入瓶内。把气球套在瓶上，并系紧接口，放在旁边。

- 将 1/2 杯面粉和 1/2 杯水混合，倒入第 2 个瓶子里，用 1/2 杯热水（80 度左右）溶解一包酵母并加入瓶中。把气球套在瓶上，系紧接口，放在旁边。

- 用 1/2 杯冷水溶解酵母，其余步骤同上。

3. 问儿童他们估计哪种条件有利于酵母生长。让他们每半小时检查瓶里发生的变化，并做记录。帮助儿童陈述他们从实验中学到的知识——水应该比较热，可以帮助酵母生长，但不能太烫而把酵母烫死（酵母在摄氏 50 度左右开始发酵，在摄氏 80 度左右生长最快，在摄氏 120 度以上死亡）。

长跨度活动

教师指导为主

大组/小组活动

种子怎么长成植物 ZHONGZI ZENME ZHANGCHENG ZHIWU

目标：

设计并进行实验了解种子和植物的特性

核心要素：

- 观察
- 分类
- 比较、对比
- 形成并检验假设
- 记录并解释观察到的现象

注意事项：

1. 儿童喜欢种植，看着植物长大。给他们一些种子、几个花盆（或其他可以种植的容器），他们就会制订计划并完成一系列的"种植工程"。

2. 种植活动还为儿童提供了控制条件的实验经验，为了突出这一点，可以帮助儿童设计实验来解答他们观察和思考有关种子及植物时提出的问题。当他们形成假设并想办法检验假设时，教师要给予指导，并尽可能了解儿童对什么感兴趣，他们想知道些什么等。

3. 引导儿童讨论他们的"工程"，帮助他们画表格，用其他方法记录在活动中观察到的现象和结果。

4. 如果有一块空地，最好把它造成花园，用来种植并研究植物生长以及昆虫、营养、食物链、季节变化等问题。与当地的苗圃协商种植适宜于当地气候并在学年之中可以收获的植物。

活动 1　选种子

材料:

- 各类种子(如水果的种子和核，豌豆和蚕豆，松果，枫树或槭树籽)
- 塑料袋

步骤:

1. 如果可能，组织儿童外出观看种子。方便的话，收集一些种子，说明种子有不同种类：有坚果、松果、水果和浆果。儿童还看到过什么不同的种子？它们是哪种植物的种子？可以长成什么植物？如果种子是在地上发现的，它离"母亲"有多远？

2. 回到教室，把儿童收集的种子和教师事先准备的种子给他们看看、摸摸，让他们按自己的方法进行分类，完成后请他们谈谈自己分类的依据。

3. 给儿童介绍一种新的分类方法——按种子的行踪来分类。许多植物用特别的方法散发它们的种子，使后代能在离"母亲"较远的地方生长。那样，它们就能避免争夺阳光、水分和土壤养分。有些植物(像枫树和蒲公英)的种子，靠风吹散。另一些种子(如栗子)长了一层小钩或小钉状的东西，可以粘在动物的皮毛上"免费旅行"。还有一些种子(如太阳花种子和木莓)被鸟鹊或野兽吞食，通过这些动物的消化道排出来。鼓励儿童研究种子，看看它们可能如何散布开来。

活动 2　植物生长靠什么

材料:

- 塑料杯和其他容器
- 盆栽土
- 萝卜籽
- 纸、铅笔或黑板、粉笔
- 图表纸与记号笔

步骤：

1. 让儿童想想种子长成植物需要些什么，如空气、水、阳光、土壤、肥料等，列出清单。

2. 要求儿童设计实验，检验萝卜种子（或挑选的任何一种种子）长成萝卜苗是否确实需要单子上列出的东西。比如，检验种子生长是否需要空气（可以把种子放到水中），提醒他们在每个实验中设计一个控制条件，并像往常一样做好记录。

3. 观察种子发芽一两周，看它们的变化。例如，种子可以在黑暗中发出芽来，但植物却需要光才能生长。

4. 儿童就植物提出了哪些其他的问题？他们能预计和检验吗？这里有些问题值得探讨（如果几个容器相似，请做标记以便区别）。

- 把萝卜籽的种皮剥掉，它还会发芽吗？把它切成两半呢？
- 把种子种在泥土、沙堆、卵石中会发生什么不同的现象？
- 用清水和脏水（如洗盘子的水）浇种子会有什么不同？
- 种子在暖和时还是在寒冷时长得更好？
- 如果你对着幼芽讲话、唱歌，给它施肥，它会长得更快些吗？
- 不同的种子情况会不会不同？比如，是否有些种子能够在温度不足或在沙中存活？

活动 3　四处生根

材料：

- 马铃薯
- 胡萝卜
- 洋葱
- 几碗水
- 罐子或其他类似的容器
- 灰或土

步骤：

1. 告诉儿童不只是种子能够长出植物，马铃薯块也可以长出绿苗来。我们吃的马铃薯是一种块茎，属于根系，埋在土壤里用于储存能量。一些植物，如马铃薯就是靠块茎或球茎来发芽的。

2. 找表面至少有两个"眼"（马铃薯表面的凹痕）的马铃薯，放到碗里，使它被水部分淹没。鼓励儿童观察马铃薯在两周里的生长变化，有没有发芽？是在哪里长出的？长根了吗？在哪儿长的？多长时间长出的？

3. 一旦发现新的芽长出，儿童就可以把马铃薯放到土壤中去。把种有马铃薯的罐子放到阳光下，定期浇水，这样教室花园里又多了一个"成员"。

4. 用胡萝卜和洋葱培植新苗，这些植物也是长在地下的。把它们切成块状，让儿童预测哪一块会长出新芽（如胡萝卜秧），它的幼芽是从哪里长出来的，然后把这些小块放到碗里，用水部分淹没，观察它们怎样生长。

长跨度活动

教师指导为主

小组/大组活动

怎样记录天气情况 ZENYANG JILU TIANQI QINGKUANG

目标:

观察和记录天气变化,了解季节变更

核心要素:

- 观察周围环境的气候变化
- 记录并解释所观察到的现象

材料:

- 海报板
- 记号笔
- 室外温度计

注意事项:

1. 这个持续一年的记录天气活动旨在帮助儿童学会仔细观察天气和季节变化。在引入活动之前,准备一些与天气有关的卡片(如画有太阳、云朵、雨、风、雪等的卡片)和一幅挂历,上面要有足够大的方格,以便贴卡片,儿童可以在活动时画出天气图。

2. 每个儿童每周做一次记录员。全组活动时最适合做天气记录,因为这时整个班级的儿童都会有参与感和责任心。记录员把表示当天天气情况的卡片用别针别在挂历上,并说明自己是如何断定天气的,如以观察或收听天气预报为依据。

3. 鼓励儿童报告其他有关天气的信息,如温度、风向、风速等,告诉儿童怎样从报纸上找到这类信息或者在窗外挂一支温度计,读出温度计示数,还可以自己做一个风向标(见下说明)。

4. 如果可能，做不同的图表对比不同时间的测量数据，让儿童学会寻找回答以下问题的方法。

- 今年哪个月比较暖和，是九月还是四月？哪个月冷些，十二月还是一月？
- 这个月里，哪一周的雨最多？哪一周晴天多？
- 这一周常刮什么方向的风？

5. 可以将上述活动扩展为整个年度的探测不同天气情况以及随着季节变化的天气情况的活动。下面的天气日历，主要反映了冬天和盛夏的天气。

九月——风从哪方吹来

和儿童一起做简单的风向标，用一只一品脱的塑料容器做风向标的底，在盖的中间挖一个小孔，让儿童在边沿上标出 N（北）、E（东）、S（南）、W（西）的字样。用一根长钉从容器的底部穿入盖上的孔里。用海报纸剪出长的箭头作为指针，箭头的尾部要比前端宽一些。用订书针把箭头图标订在吸管的顶头，然后把吸管穿在穿过瓶盖孔的铁钉上，保证盖上的孔足够大，以便吸管可以自由转动。（做风向标的详细说明和有关指导可以在 Melvin Berger 的《自己动手做风向标》一书中找到。）

儿童把风向标放在室外，用指南针的一端找北面，然后把风向标上的 N 指向那个方向。箭头的头部指着风吹来的方向。这样，如果箭头指向西面，则意味着风从西面吹来。

十月——树叶艺术

进行一次到大自然中散步的活动，让儿童收集他们喜欢的树叶。建议他们找不同形状和颜色的叶子。让他们看看哪些叶子会落下来，哪些不会落下来，并探讨其原因。回到教室后，发给每个儿童两张同样的蜡纸，让儿童把树叶放在一张蜡纸上，放上一些刮蜡屑，再盖上另一张蜡纸，把两张纸压在一起。

十一月——喂鸟

在深秋，动物们开始提前为冬天做准备。松鼠跳来跳去寻找松果以备过冬。大多数鸟类南飞，留下来的鸟儿很难找到食物。干嘛不给它们做一顿

"感恩宴"呢？给每个儿童一个松果，如有可能，可带儿童外出亲自去采松果。将花生酱和油脂混合，让儿童把混合物填到松果里，然后放到鸟食里滚一滚，用线把鸟食吊在树上，或让儿童把它带回家喂鸟。

十二月——保暖

与儿童谈论动物在冬天保暖的各种方法（例如，狗会长出更厚的毛，青蛙躲到池塘的泥土中，熊会冬眠），做一个动物筑家过冬的游戏。

在冬天，把明胶和沸水搅拌，把它们倒进胶卷筒或其他小容器中。把胶卷筒放到室外然后对儿童说，假设胶卷筒是小动物，它需要一个温暖的家。让儿童去找一个最温暖的地方，作为小动物的家，把小动物放在那里。让他们尝试各种地方：开阔、有阳光的地方，雪里，一堆树叶下。把小动物放在那里15分钟，检查容器，看哪一个地方足够温暖，可以使明胶不凝固起来。儿童可能会惊奇地发现，雪里最暖和。如果他们是小动物，他们在冬天会把家安在哪里呢？什么东西可以保暖？

一月——冷冻

有时我们希望东西保持较低的温度，如冰箱里的冰淇淋。做一盘冰块，用不同的材料将它们包起来——泡沫包装纸、铝箔、塑料或报纸。在十二月的实验的基础上进行新的实验，把冰块放到雪球里，或用叶子包裹后放在盘子里，让儿童预测在哪种材料中的冰块化得最慢。检查冰块并把结果画成图表，哪一种材料最能够保冷？如果想让三明治保持冷却到午饭时间，可以用哪种包装？

二月——雪花

盛一盒雪到教室里，让儿童用放大镜观察雪花。如果有条件，可以用显微镜来观察。看看各种雪花为什么会各不相同，不同在哪里？它们有什么相同之处？

也可以用雪花做一次艺术活动。给每个儿童一张直径6厘米的白纸，示范如何对折、三折（雪花是六角形），怎样剪开每边，把纸打开，把做成的雪花贴在墙上或窗户上。

三月——测雨量

在下雨天，把各种容器(旧的竹篮、洗涤盆、乳酪杯、果胶瓶等)放在室外，数小时后，把容器取回，用尺子量量水积了多高。量出的结果是否都相同，为什么？用量筒量每个容器中的水，水量相同还是不同？为什么？

四月——寻找报春物

引导儿童侦察自然，走进大自然，去寻找春天来临的标志。发给他们一支铅笔或蜡笔，一张纸，一块纸板以及用作记录或绘出他们发现信息的纸板。鼓励他们发现天气的变化。有风了吗？地上有坑吗？鼓励他们运用各种感官。在空气中闻到了什么？听到了什么？看到了什么颜色？春天的颜色与冬天的是不是不同？鼓励儿童观察植物的生长和动物的生活。它们在春天里的长势和活动有没有增长？儿童能找到花朵吗？能够找到动物的活动痕迹吗？它们的行踪、巢穴、地洞、吃过的果子或种子呢？回到教室后，鼓励他们思考观察然后画一幅画、写一首诗或编一个故事。

五月——云彩

安排一周或更多的时间每天外出，然后让儿童画下他们所看到的天空中的云彩。云是什么颜色？有什么形状？它们在天空中的高度是多少？有云彩的天气是什么样的天气？让儿童查阅参考书中的云朵，观察、辨认并标记他们画出的云朵。

在这个活动后的周末，让儿童思考他们的观察：哪些云与好天气有关？哪些云可能预示着下雨？观察了云之后，他们能不能对第二天的天气做出恰当的预测？

带回家的活动

种子发芽 ZHONGZI FAYA

目标：

在不同条件下栽种，思考在哪种条件下种子发芽效果最好

材料：

- 几个小的塑料袋
- 纸巾
- 一包种子或一把豆子(利玛豆、菜豆、豌豆)

注意事项：

为什么有的植物长得比较高？为什么不下雨植物会死掉？儿童对自然界中发生的事有各种想法。设计实验检验这些想法是帮助儿童思考前因后果和植物生长条件的好办法。

步骤：

1. 和儿童讨论植物需要什么条件才能生长。水、阳光、温度都是重要的因素。鼓励他们提出问题，并努力找到回答，然后一起分享他们在校或在家所获得的知识。

2. 教师可以问儿童一些问题，比如：

- 如果种子长成植物所需的条件(水、阳光、温度)缺一种，会发生什么现象？
- 如果种子没有水(或没有阳光和适当的温度)会怎样？
- 如果有水但是没有阳光会怎样？
- 如果有水和阳光，但是在很冷的地方，种子会成什么样？

教师可以引导儿童设计实验来解答这些问题。

3. 帮助儿童进行实验。

● 把种子撒在纸巾上。

● 用水把纸巾打湿，然后放入塑料袋，将塑料袋放在温暖、有阳光的地方。

● 让儿童用文字或图画标记种子生长的条件——水，阳光，一定的温度。

4. 进行下一个步骤。

● 拿另一张纸巾，在上面撒上一些种子或豆子（整个实验用同一种种子或豆子）。

● 不打湿纸巾，把纸巾放入塑料袋中，放到温暖、有阳光的地方。

● 让儿童做标签来表明这些种子在有阳光、温度但是没有水的条件下的生长情况。

5. 尽可能测试不同条件下发生的情况，这些条件可能包括：

● 将种子放到打湿的纸巾中，放在一个塑料袋中，在冬天时放在有阳光的地方（保证动物不能吃它），标记好这个口袋里有水、阳光，但温度较低。

● 将种子放在打湿的纸巾中，把装有这样的纸巾的袋子放到橱柜里，标记好这个口袋中有水，有适宜的温度，但是没有光线。

6. 在一周之内每天观察塑料袋，可以用图表（后附样图）记录所观察到的情况。或者帮助儿童自己创制图表和符号进行记录。

7. 向儿童提出一些有关实验的问题，比如：

● 哪些种子最先发芽？

● 哪种条件最利于种子生长？种子生长最需要什么？

8. 你可以把种子放到一杯泥土中。当种子生长时，可以问儿童：

● 哪一些种子在正常地生长？

● 哪些有点不对劲？为什么会这样？

9. 帮助儿童说说实验的结果。

分享：

儿童可以把发芽的种子和记录的图表带到学校，向全班同学解释、描述自己在实验中的发现。

种子发芽情况记录表

	星期日	星期一	星期二	星期三	星期四	星期五	星期六
水 阳光 温度							
阳光 温度 无水							
水 阳光 温度不宜							
水 温度 无阳光							

带回家的活动

收集物品 SHOUJI WUPIN

目标：

收集、辨认、描述、分类从自然界中收集或收藏的物品

材料：

- 从大自然中拾来的物品（如昆虫、蝴蝶、贝壳、石头、花、叶）
- 大的纸盒或大的纸
- 胶水或胶带
- 铅笔或记号笔

注意事项：

许多儿童都收集有这种或那种物品。他们可能收集邮票、篮球卡或贝壳、谷物、蝴蝶等，并发现各个物品的异同。这些收集品可以作为学习的资源，同时也给儿童带来很大的快乐。儿童可以根据颜色、大小、出处将自己的"宝贝"分类，他们还会思考其他的分类方法，如根据收集品的来源地分类（如沙滩上的东西）等。

步骤：

1. 与儿童一起外出收集一些有趣的东西，回来后让儿童描述每件物品。在必要时提些问题帮助他们思考，如看到些什么？这些东西是软的，还是硬的？是什么颜色？是圆的，还是平的？

2. 让儿童用文字或图画在小纸片上为每样物品做标签，鼓励记下某个物品是在何处发现的。

3. 告诉儿童他们可以将每一件物品附上标签陈列出来，可以把物件装在盒子里，也可以把物件粘在一张大纸上，还可以想出其他办法来。

4. 与儿童谈论这样的观念：人们可以用不同的方法将收集到的物品进

行组织和分类，从而学到知识获得享受。让儿童用不同的方法对收集到的物品进行分类。他们可能找到你从没想到过的办法！可以问他们这样一些问题：

- 你将怎样展出你的物品？
- 你会把颜色相同的放在一起吗？
- 你会把大小相同的放在一起吗？
- 你会把名称相同的放在一起吗？

5. 鼓励儿童看看摆放好的物品，如果他们希望的话，允许他们做调整，并向他们强调可以有多种分类的方法。

分享：

儿童可以在自己的房间里开辟一个展览区，请朋友和家人来参观。班级里的同学也可能想看看，家长可帮助儿童安全地把收集品带到学校去展出。

资源和参考资料

Agler，L. (1991). *Involving dissolving* (rev. ed.). A GEMS Teacher's Guide. Berkeley：Lawrence Hall of Science，University of California.

Agler，L. (1991). *Liquid explorations* (rev. ed.). A GEMS Teacher's Guide. Berkeley：Lawrence Hall of Science，University of California.

* Berger，M. (1991). *Make your own weather station*. New York：Scholastic.

Braus，J. (ed.). (1987). *NatureScope：Incredible insects*. Available from National Wildlife Federation，1400 Sixteenth St. ，Washington，DC 20036.

Cohen，J. (1990). *GrowLab：Activities for growing minds*. Available from National Gardening Association，180 Flynn Ave. ，Burlington，VT 05401.

Doris，E. (1991). *Doing what scientists do*. Portsmouth，NH：Heinemann.

* Elementary science study. (1971). *Drops，streams，and containers*. St. Louis：McGraw-Hill.

* Elementary science study. (1968). *Light and shadows*. St. Louis：McGraw-Hill.

* Gertz，L. (1993). *Let nature be the teacher：Seasonal natural history activities for parents and other educators to share with young children*. Belmont，MA：Habitat Institute for the Environment.

Gold，C. (1991). *Science express：50 scientific stunts from the Ontario Science Centre*. Reading，MA：Addison-Wesley.

* Herbert，D. (1959). *Mr. Wizard's experiments for young scientists*. New York：Doubleday.

* Holt，B. G. (1982). *Science with young children*. Washington，DC：National Association for the Education fo Young Children.

* Katz，L. G. & Chard，S. C. (1990). *Engaging children's minds：The project approach*. Norwood，NJ：Ablex.

* Nelson，L. W. & Lorbeer，G. C. (1984). *Science activities for elementary children* (8th ed.). Dubuque，IA：W. C. Brown.

Petrash，C. (1994). *Earthways*. Mt. Rainier，MD：Gryphon House.

* Pitcher，E. V. ，Feinburg，S. G. ，& Alexander，D. A. (1989). *Helping young children learn* (5th ed.). Columbus，OH：Merrill.

Richards，R.，Collis，M.，& Kincaid，D.（1990）. *An early start to science*. Hemel-Hempstead，UK：Macdonald Educational.

* Sprung，B.，Froschl，M.，& Campbell，P. B.（1985）. *What will happen if …* Brooklyn，NY：Faculty Press.

* VanCleave，J.（1989）. *Chemistry for every kid*. New York：John Wiley & Sons.

* Williams，R. A.，Rockwell，R. E.，& Sherwood，E. A.（1987）. *Mud pies to magnets：A Preschool science curriculum*. Mt. Rainier，MD：Gryphon House.

Zubrowski，B.（1991）. *Messing around with baking chemistry：A Children's Museum activity book*. Boston：Little，Brown.

音乐活动 YINYUE HUODONG

注：本部分作者为 Roger Dempsey。

音乐活动概述　YINYUE HUODONG GAISHU

音乐为我们的生活带来欢乐。我们中有些人从事演奏或专修音乐，大多数人会唱，会跳，会欣赏表演和录音，还会作曲（即使只是独自哼唱）。音乐伴随着我们的每一天，无论是在汽车里，在家中，在办公室，还是在艺术表演、聚会或其他特殊事件中，音乐都是其中的精彩一幕。然而，只有为数甚少的人受过正规训练。大概这是因为在西方文化传统中，音乐才能被看作是少数天才的专利而并非是人人拥有的一种潜能。而在本部分的音乐活动中，我们试图扩展音乐活动的范围（类别和深度），以便让学校中所有儿童都能投入其中。

并非每个儿童都用相同的方式接触和享受音乐。因此我们提供了多种活动，内容涵盖了音乐的演奏、生动的表演和倾听的经验等。设计这些活动是想让儿童投入音乐的天地，培养三种关键的音乐能力：演奏、音乐感知和作曲能力。

在这些音乐活动中，儿童将探索一些音乐概念，如音高、节奏、音色、音调等，同时也进行简单的记谱和编曲练习，还吸引儿童使用几种简单的打击乐器和旋律乐器。其中，打击乐器有三角铃、鼓、木块、砂木块（木块上有砂纸）以及手鼓等，简单的旋律乐器有铃铛、儿童木琴、小电子琴和通过调节水量可以发出音乐的水杯或水瓶。

这些活动可以作为学校音乐活动的补充，也适合儿童的欣赏水平。为了丰富儿童的音乐体验，教师可以在固定活动间隙放音乐磁带，让儿童用耳机听，允许他们自由选择符合自己兴趣和理解力的音乐。听这些音乐可以了解一些乐器、乐队、音响类型和音乐风格以及各个音乐时代。

这里的大多数音乐活动可以由没有受过专门音乐训练的教师来组织。基本不要求合唱，不过教师如果愿意，也可以让儿童合唱。教师可能更乐意与学校音乐专家或邀请家长为儿童演唱或演奏。

建议教师以适合本班特色和令人愉快的方式引入音乐活动（假如班里建立了一个音乐欣赏角或演奏台的话，也可以在此区进行）。可以从提问开始，"你们知道音乐吗?"等，记下儿童的反应。还可以提更多的具体问题，比如：

- 你在哪儿能听到音乐？
- 你在家里能听到音乐吗？你喜欢听哪种乐器的声音？
- 你会怎样唱歌给小婴儿听？
- 在树林里你能听到音乐吗？你听到过什么音乐？你能像鸟儿那样唱歌吗？
- 你最喜欢哪种音乐？

教师可以向儿童讲解他们所听的磁带、CD、广播、电视或音乐会实况中有名的音乐家的音乐等，并和他们谈谈音乐家的角色，说说在磁带、电视里听到过的或亲耳听到过的歌手或演奏者的名字。当儿童唱歌或演奏音乐时，提醒他们："你们也是音乐家啊!"

当儿童说出自己喜欢的歌手名字时，问他们为什么喜欢他（她）。帮助儿童理解音乐可以激发人们的情绪、情感，可以使我们感到高兴、悲伤或陶醉。人们有什么样的心情就会听什么样的音乐。可以问儿童他们是否会在感到快乐时唱唱歌；感到悲伤时，喜欢什么音乐。弹奏或演唱一首快乐或悲伤的歌给儿童听，或让儿童自己表演。

最后，向儿童介绍在音乐活动中常用的一些乐器，让他们弹奏，并尽可能说出各种乐器的名称（如吉他、钢琴、小号、小提琴等）。给儿童展示一些特别的乐器，如沙木条和音乐瓶，向儿童说明怎样演奏这些乐器，并强化这样的观点：音乐是能用多种方法来表现的。邀请儿童尝试各种乐器。

关键能力   GUANJIAN NENGLI

音乐感知

- 对音乐变化的敏锐性(刚、柔)
- 对速度和节奏类型的敏锐性
- 分辨音高
- 辨认音乐及音乐家的风格
- 辨认不同的乐器和声音

音乐演奏、演唱

- 能保持准确的音高
- 能保持准确的速度和节奏
- 演唱和演奏乐器时富有表现力
- 能再认和再现歌曲或其他音乐作品的音乐特性

音乐创作

- 创造出有开端、高潮和结尾的音乐作品
- 创造简单的记谱体系

音乐感知

教师指导为主/儿童活动为主

小组活动

发出响亮、轻柔声音的音筒 FACHU XIANGLIANG、QINGROU SHENGYIN DE YINTONG

目标：

用音筒学习音乐中各种声音的功能

核心要素：

- 乐感
- 辨认不同的声音

材料：

6 个不同的音筒（买的或做的）

步骤：

1. 把音筒给儿童，告诉他们每个音筒里装的东西不同，让他们摇动音筒，思考用不同的方法把音筒分类（如重量、发出的声响等）。

2. 讨论儿童提出的分类方法，鼓励他们互相提问。可以提一些这样的问题："你根据什么感觉对音筒进行分类?"

3. 建议儿童用他们的听觉，按照敲击音筒时发出的由强到弱的声音对其进行分类。鼓励儿童用不同的方法完成分类活动。

4. 和儿童讨论排列音筒的最有效的方法。如果有必要，帮助他们形成以下的分类程序：

- 摇动音筒，把发出最响声音的音筒放在一边。
- 在剩下的音筒中，用同样的方法选出发出声音最响的，把它放在第一个的旁边。
- 在剩下的音筒中，再用同样的方法找出发声最响的，把它放在第二个的旁边。

如此重复，直到把音筒发出的声音由强到弱排好。

5. 让儿童把音筒混在一起，再试一次。

6. 让儿童思考在音乐中使用摇晃乐器发出强、弱声音的方法，看他们愿意用哪一种摇晃乐器为婴儿催眠，用哪种为一首大象跳舞的歌伴奏等。

其他活动：

让儿童自己做音筒。给他们空的胶卷筒，然后请他们思考，哪些材料（如纸屑、米粒、干面包屑）适合用来摇晃、发出声音。把材料放入筒里后盖上盖子，防止倒出。在儿童做好后，教师要保证儿童有足够的时间探究、试验用这些筒发出各种声音。

音乐感知。

音筒配对 YINTONG PEIDUI

目标：

通过将音筒配对，练习听音

核心要素：

● 乐感

● 分辨不同的声音

材料：

6 对音筒，每对里装有不同的材料

步骤：

1. 把音筒给儿童看，告诉他们："这些音筒发出的声音里有一个秘密，你们能不能发现这个秘密？"给他们一个提示：得摇动所有的音筒，仔细听它们发出的声音，才能找出这个秘密。

2. 把音筒发给儿童，让他们分小组探索声音的秘密。当儿童说出自己的发现时，让他们互相讨论、提问。

3. 说出秘密：每个音筒都有一个音筒和它配对，它们装有相同的材料，因而能发出同一种声音。

4. 帮助儿童用一个有效的办法找出配对的音筒。

● 拿一个音筒摇动。

● 一只手拿着这个音筒，另一只手再拿一个音筒来摇，听它们发出的声音是否相同。如果不同，放下第二个音筒，重新再拿起一个，摇晃、对比。

● 一直这样试下去，直到找到与第一只音筒相配的另一个音筒。把配成对的音筒排队或放在格子中，两个音筒挨在一起。

其他活动：

1. 鼓励儿童自己做一套配对的音筒，可以互相交换进行配对比赛。

2. 把音筒当作乐器，现场演奏或与音乐配在一起进行演奏。

3. 鼓励儿童创编舞蹈，用音筒伴奏。

音乐感知

儿童活动为主

小组活动

音乐配对游戏：对号入座 YINYUE PEIDUI YOUXI：DUIHAO RUZUO

目标：

　　了解乐器的声音

核心要素：

- 分辨声音
- 辨认各种乐器

材料：

- 卡式录音机
- 有各种乐器声的音乐磁带
- 包装上印有演奏乐器的照片或图片的录音带

步骤：

　　1. 准备活动：放各种乐器演奏录音带给儿童听，让他们熟悉各种乐器的声音。如果可能，搬一些乐器到教室里，让儿童看看。

　　2. 和一个儿童一起玩对号入座的游戏：放不同乐器演奏的声音，让儿童将各种乐器的图片与录音带上放出的声音相配。

　　3. 与一个小组玩对号入座的游戏：让儿童围坐成一圈，给每个儿童一张某一乐器的照片，当听到放出的乐器声与自己手中的乐器相符时，立刻举起手里的照片。

其他活动：

　　让儿童编排并录下他们自己的乐器声或其他声音，如小汽车、机器、小鸟、铃声以及不同动物的声音等。他们可以把声源画下或拍照，或从杂志上剪下，用来进行自己的音乐配对游戏。

音乐感知

教师指导为主
小组活动

为乐曲命名　WEI YUEQU MINGMING

目标：

通过猜测相似的曲调了解音乐的特性

核心要素：

- 能回忆歌曲的音乐特点
- 能保持准确的音高
- 能保持准确的节奏

材料：

儿童熟悉的歌曲名单（包括他们在教室中唱的，广播电视中常播放的流行音乐）

步骤：

1. 让儿童轮流在歌单上选一首歌，第一个人把曲调哼出来，不唱歌词，然后其他同学试着说出歌名。

2. 为了使游戏更刺激，唱的人先只哼前三小节，停下来，看有没有人能认出这支曲子。如果没被认出，再哼第四小节、第五小节、第六小节……每次加一小节，直到该曲调被认出。

3. 一首接一首，看谁能听最少的部分就认出这首歌曲。

其他活动：

1. 不用儿童哼调，让他们用小笛或者放录音带来辨认歌曲。让儿童分辨乐曲的特征（如某种声音、某种乐器声、一个特别的乐段等），并帮助他们讨论辨认的这些特征。

2. 当儿童能比较好地猜出并重现乐曲时，就可以将游戏做一些改动，如问以下一些问题：

- 你能改变歌曲的节奏（改变各小节的延长时间、小节间的间隔或加强某小节）吗？

- 你能改变歌曲的音速吗？

- 你能哼出多高、多低的调？

- 什么变化使歌曲难以辨认？

- 改变什么可以使歌曲听起来几乎都一样？

音乐感知

木琴捉迷藏 MUQIN ZHUOMICANG

目标：

通过游戏发展音高配对能力

核心要素：

- 辨认音高
- 了解音乐的特性

材料：

- 两架木琴（每一架都有可动的琴条）
- 2根木槌
- 1块纸板分隔屏

步骤：

1. 引入活动时先介绍两架木琴在外观和声音上是相同的，并在每架木琴上敲击相同的部位加以说明。

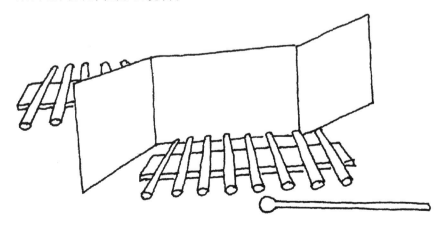

2. 请两个儿童分坐在分隔屏两边的木琴旁。他们可以轮流先敲出一个音符，让另一个儿童在他的木琴上敲出相同的音符。（如果有必要的话，从几个木琴条开始。比如，把其他的木条撤去剩下三条，当儿童适应后再逐个放回。）

3. 让儿童敲相同的音，直到另一个儿童做出最后判断为止。为了确认自己敲的音是否正确，可以记下所击木条的颜色，或在同伴再次敲击同一个音时，到屏的那边看看，以证实自己的猜想。

4. 掌握了单个音符的辨认技能后，儿童可以尝试匹配更多的音符。

音乐感知

教师指导为主

小组/大组活动

"画"音乐　"HUA" YINYUE

目标：

通过找出表示音乐选段的图片，探索音乐的意境和动感

关键能力：

对音乐的动感及风格的敏感性

材料：

- 录音机或唱机
- 各种录音带或唱片（如果可能的话，找来默索尔斯基的《图画展览会》）
- 杂志、纸或海报纸
- 胶水或胶带

步骤：

1. 让儿童闭上眼睛，从录音机或唱机里放出各种音乐片段，问他们听这些音乐有什么感受，是否勾起了他们对某物或某人的回忆，讨论音乐怎样引起人的某种思考或情感。默索尔斯基的《图画展览会》对此做了很好的诠释。这位俄国的作曲家创作了新型的钢琴组曲，其中每一乐章代表一幅图片。后来这一作品由 Maurice Ravel 改编为交响乐。如果可能，播放这一乐曲或其中的几段，让儿童说说不同的乐章与该乐章代表的图片之间的相似感。

2. 播放另一些音乐，让儿童从书籍或杂志中选出可以说明所听到的音乐的人物图像、景物或动作。听到一首乐曲时，从书籍或杂志中找出相应的图画。儿童可能会选宁静的自然风景与安静的音乐相配，选择忙碌的城市与快节奏、复杂的音乐相配，选择小鸟图画与用长（短）笛演奏的音乐相配。放

一些代表某些风格和情感的音乐选段，让儿童解释他们进行搭配的原因，说说是音乐的哪些方面促成了他们的选择。

3. 假如儿童愿意，可以把剪下的图片收集起来组成一幅与音乐相配的海报或图书。

注意事项：

迪士尼的范塔西亚是能与图片相配的音乐范例，你可以租这个录像带或录音带放给儿童听，以此证明音乐可以表现不同的视觉形象。

音乐感知

教师指导为主/儿童活动为主

小组活动

水瓶琴 SHUIPINGQIN

目标：

探索由装有不同水量的瓶做成的琴的音高

核心要素：

- 辨别音高
- 演奏乐曲、作曲

材料：

- 8个相同的玻璃杯（每个容量大约为1升）
- 水
- 有柄的水罐、漏斗
- 木琴槌（或在一头缠有一层厚的胶带或橡皮带子的销子）

步骤：

1. 在各个瓶里装入不同量的水。调节每个瓶里的水量产生一个音阶（水多些可以提升音高），让儿童用木槌敲教师做的水瓶琴。教师可和儿童一起敲击不同水量的瓶，问他们为什么会发出不同的声音。（当瓶中几乎装满水时，空气柱短，产生的振动快，声音高。）

2. 把瓶里的水倒出，让儿童用罐子和漏斗（或用龙头、水罐）再注入不同量的水，然后敲击他们自己做的水瓶琴。

3. 儿童可以轮流用这架"琴"写歌曲。教师可帮助儿童用传统的音符或他们自己发明的记号给每个小水瓶做记号。那样，他们可以创编歌曲，并通过瓶的正确序号，将作的曲记录下来，创造自己的乐谱。可以通过把歌单与音乐配对，互相帮助记录，一起分享歌单上的乐曲及各自的音乐（相关的活动请见作曲部分）。

其他活动：

1. 让儿童不用木琴槌敲，改用嘴吹瓶子的顶部。

2. 在瓶子里插上吸管，让儿童在水里吹泡泡，这样就有了风琴。（为防止儿童吞下误吸出的水，可以在吸管上部剪一个小洞。）

音乐感知

探究乐器的音色　TANJIU YUEQI DE YINSE

目标：

通过弹奏简单的乐器，了解乐器奏出的声音

核心要素：

- 在演奏乐器时有表现力
- 辨认乐器声

材料：

- 鼓、三角铃和其他打击乐器、木琴(如有条件，钢琴亦可)
- 指挥棒
- 橡皮、木质或塑料的琴槌

步骤：

1. 收集准备在一年中给儿童使用的各种乐器。告诉儿童可以用这些乐器，并用不同的方法在乐器上奏出音符，逐渐奏出音乐。每次请一两个儿童选择一种乐器，看他们能奏出多少音。

2. 鼓励儿童在各种乐器上弹奏。以下是根据儿童音乐发展状况而提供的一些引导儿童探索的建议：

- 鼓——用不同部位，如指头、手掌、拳头和不同的物体敲大鼓和小鼓。

- 木琴——用橡皮槌、塑料槌、木槌击同一个木条，击的时候接触金属条。

- 打击乐用的棒——先用棒头敲，然后用靠近握棒的部位敲。试用不同长度和直径的打击乐棒，在桌面、地板上、书上、取暖器上敲击。

- 键盘乐器——弹奏高八度音阶和低八度音阶中的同一个音，弹各个不同的单音及和弦。如果有钢琴，观察声音是怎样由小锤击到片上产生的。试用各种踏板。

3. 当儿童实验时，让他们描述敲出的声音，可以问以下的问题：

- 声音有什么变化？

- 当你做了什么时，声音会发生某种变化？

- 怎样使声音响些或轻些？

- 你怎样奏出催眠曲、足球赛中的进行曲或庆祝生日的曲子？

其他活动：

1. 弹奏同一乐曲来比较不同乐器的声音，让儿童轮流做指挥或作曲。指挥可以选出一个节奏然后让整个乐队演奏，教师可示意某些乐段的独奏或合奏。让儿童讨论由不同乐器组合奏出的不同声响效果。

2. 小组即兴表演：在某一时段由一个儿童或小组演奏，让他们考虑哪一种乐器可以创造出理想的效果。比如，选择暴风雪或马戏团的主题时，哪种乐器适合用来演奏大象，哪一种适合用来表现走钢丝，哪一种适合于表现小丑的动作等。

演奏音乐

室外的声音和"乐器" SHIWAI DE SHENGYIN HE "YUEQI"

目标：

进行找声音的散步，到户外探寻各种声音及其是如何发出的

核心要素：

辨认不同的声音，探寻周围环境中的音乐

材料：

- 鼓槌、节奏槌
- 调羹、水碗
- 铃

步骤：

1. 组织一次小组或全班的远足，让儿童用耳朵听各种声音，了解声音由振动产生。让儿童去摸摸正在响的铃铛感受振动。将铃的下缘放入一盆水中，让儿童看看由于铃的振动而产生的溪流般的水纹，进一步理解铃发出声音的原因。

2. 给每个儿童一把鼓槌、打击棒或调羹。告诉他们在外出时，要用棒或勺轻轻拍打他们看到的东西，看看发出了什么声音。如有必要，与他们谈论一些基本规则。诸如，不能去敲击有生命的东西和易碎的东西。让儿童在篱笆上、垃圾桶上、招牌及标记柱上、树上、邮箱上拍打，让他们告诉全班同学自己的发现。在一个儿童讲述时，其他儿童停止拍打。给儿童提出一些这样的问题：哪样东西发出的声音好听？哪些声音不好听？哪些发出的声音响亮？哪些发出的声音低沉？引导儿童注意有的声音能持续较长时间。

3. 考虑一下外出发现的哪种东西或"乐器"可以安全地带回学校，把发

出高音、低音、强音、弱音的"乐器"加以分组，用这些"乐器"组成一个乐队进行演奏或录音。如果找到的"乐器"极多，可让儿童组成一支小乐队，自己进行演奏。

4. 组织一次有关室外声响及"乐器"的讨论，让儿童闭上眼睛，辨认他们在外出时听到的声音，帮助儿童用适合的词语描述声音。

其他活动：

外出时带一个录音机把听到的声音录下来（比如，天籁之声——风声、鸟鸣声、虫叫声；机器声——机械转动声、铃声、哨声、汽笛声等），所有这些都是日常生活中的"音乐"。回到学校再听听，看儿童能分辨出多少种声音。

演奏音乐

梳子和纸笛　SHUZI HE ZHIDI

目标：

自制乐器（一支笛），用它演奏简单的曲调

核心要素：

- 演奏音乐
- 表现力
- 音乐编奏

材料：

- 小塑料梳（每个儿童一把）
- 蜡纸、餐巾纸和其他纸

步骤：

1. 给每个儿童一把梳子和一张与梳子大小差不多的蜡纸，让儿童把蜡纸折叠覆盖在梳子上。

2. 让他们握住梳子的一边，用嘴哼曲子，蜡纸会振动，发出响声。

3. 建议儿童组成笛子队，演奏一些熟悉的歌，比如《玛丽的小羊羔》《扬基歌》或《友好地对待你的跛脚朋友》。

4. 鼓励儿童把薄纸及其他纸放在梳子上吹，让他们比较不同的纸产生的声音。

其他活动：

让儿童试着做各种"乐器"。给他们各种材料和大量时间去试验，这里有几个建议：

- 剪下硬纸盒的顶盖，用不同尺寸的橡皮绳缠在盒上做成一个橡皮竖琴。儿童可做得精致一点。把盖子放回，然后在上面挖一个洞做成一个音板，或在橡皮筋下放一根铅笔做琴桥。

- 用笔帽做排箫：找不同大小的笔帽，让儿童吹，然后根据音高，由高到低排好。再将笔帽用胶带粘在冰棍棒上，笔帽排箫就做好了。通常较大的笔帽发出的声音较清晰。

- 做音筒（如前所述）：用麦片筒或装发酵粉的盒子做大的摇晃器。不要用可能有尖或有缺口的金属盒，看儿童能否想到放入哪种东西（如硬币、纸屑）。

- 如果有成人在旁边指导，儿童可以把两个瓶盖底靠底系在棍的一端，做一种不同的摇晃器。让儿童多做几个以试验把瓶盖放在棍的不同位置。比如，可以把所有的瓶盖都放在棍的一端，也可分别挂在两端，在中间握棍。

- 把 1 升装可乐瓶从中间切开，让儿童在下半个瓶的切面上蒙一张蜡纸，并用橡皮筋固定，做成一个鼓。

演奏音乐

教师指导为主

小组/大组活动

韵律诗 YUNLÜSHI

目标：

通过为诗歌数节拍学习节奏和速度

核心要素：

保持准确的节奏

材料：

- 黑板、粉笔或图表纸及记号笔
- 录音带或唱片

步骤：

1. 放打击乐或较强节奏的音乐，让儿童跟着节拍敲打之后，试着数出较复杂节奏的节拍。

2. 教儿童下面的诗歌，把重音节拍打出来加以强调，每一段保持同一节奏。把内容写在纸上或黑板上，如果儿童想唱出来，可让其为诗歌谱一首曲子。把词的节奏讲解给儿童听（参见节奏活动中的指导）。

(1)睡吧，睡吧，睡吧

(2)可爱的小小脚

(3)闪闪星星划夜空

(4)搔着我的鼻尖，像玫瑰在洒落

(5)睡吧，睡吧，睡吧

这首诗表现了这样的节奏：第一段是四拍，第二段是八拍，第三段是三拍，第四段是十六拍，第五段是四拍。

3. 鼓励儿童在进行语言和写作活动时写下自己的韵律诗。比如，可以把名词放在重音节。如果班级里有足够的儿童名字，就可以组成一段合适的音乐，如：

简　凯姆　拉克　杰恩

罗伯特　威廉　琼妮　黑泽尔

海伦娜　詹尼弗　艾斯特伍　辛西娅

保利安娜　克里斯蒂娜　萨姆贝里娜　罗斯玛瑞

李·麦克　孙·斯蒂夫

演奏音乐

五声音阶合奏　WUSHENG YINJIE HEZOU

目标：

在木琴上编奏音乐以了解五声音阶

核心要素：

- 音乐演奏
- 表现力
- 音乐编曲

材料：

- 木琴（配有可动的琴条木块）
- 两节奏或多节奏乐器（如手指钹、响葫芦或摇晃乐器、非洲鼓）

步骤：

1. 介绍五声音阶这个词（它是由五个音组成）。在有八个琴条的小木琴上弹奏第一、第二、第三、第四、第五条，让儿童去掉其他琴条做成一个五声音阶木琴。另外，可在钢琴的黑键上找五声音阶。

2. 鼓励儿童在五声音阶上编歌曲并演奏给大家听，让儿童在所编歌曲中包含高音部、低音部、快节奏声部和慢节奏声部。让他们在演奏时改变音的节奏和速度，必要时重奏某些部分。提醒儿童注意哪些音高，哪些音低，但它们都可以弹得响亮些或柔缓些，让他们尝试响亮、轻柔的高、低音的不同组合。

3. 在儿童熟悉了五声音阶后，让一个小组的儿童在一起练习用五声音阶编写一首曲子，并排练他们的音乐。

4. 让两个小组向全班表演。可增加其他打击乐器，选出指挥或组长指导乐队的每个成员，介绍他们乐队的乐器，宣布乐曲名称，等等。鼓励儿童思考指挥用什么办法示意大家开始演奏，什么时候独奏，什么时候轻些，什么时候重些，什么时候快，什么时候慢等。

注意事项：

之所以用五声音阶，是因为五个音同时奏出的音乐总是令人愉快的。

作　曲

记　谱 JIPU

目标：

学习用符号记录音乐

核心要素：

- 识别音高
- 能回忆歌曲的音乐特色
- 创造简单的记谱方法

材料：

- 纸、五线谱纸、彩色笔、铅笔或记号笔
- 录音机、儿童熟悉的歌曲录音带

步骤：

1. 放歌曲录音带（如《划，划，快划船！》《一闪一闪小星星》），可选儿童熟知的一些歌曲，比如教师在教室里和他们一起唱的歌。

2. 让儿童想办法把听到的曲调或音乐写在纸上（不用语言），以便让不知道这首歌的人可以学唱。儿童可以记在白纸上，也可以写在五线谱纸上，他们可以随意使用各种彩色笔和记号笔表示歌曲的节奏和旋律。

3. 当他们记好后问他们能不能看着自己记的谱将它唱出，是否认为自己记的谱可以帮助那些记不住曲调的人。

4. 给儿童看乐谱，告诉他们这是人们用来记录和演奏歌曲的、约定俗成的记谱方法。这个方法未必比他们自己发明的方法好，但全世界的音乐家和作曲家都使用这个记谱方法，所以他们互相能读懂对方的音乐。告诉儿童常用的记谱方法怎样表达音乐的旋律（通过音在五线谱上的位置）和节奏（通过时间标记和音的出现、休止符和附点等），让儿童比较约定的记谱方法和他们自己的记谱符号。

注意事项：

1. 为了使活动容易些，可以在木琴或键盘乐器上演奏歌曲或放录音，帮助儿童了解音乐的进行以及音符间的关系。

2. 把儿童记的谱放在笔记本或他们自己的文件夹中，以便把他们今后记的谱与之比较。

作　曲

节奏型 JIEZOUXING

目标：

　　了解可以用乐谱记录的各种节奏

核心要素：

- 识别节奏
- 创造简单的节奏记录方法

材料：

- 旋律乐器（包括儿童自制的）
- 铅笔、蜡笔、记号笔与纸

步骤：

　　1. 请个别儿童即兴演奏他们感兴趣的节奏。一开始，他们的节奏可能奇怪且没有规则，但要鼓励他们大胆想象，尽量避免把他们的节奏弄成公式化的东西。

　　2. 鼓励儿童重复他们设计的节奏以便记忆，请他们用有助于记忆的任何符号记下那些节奏。

　　3. 当儿童记下他们的节奏后，协助他们一条条地弹奏，像演奏作品那样。试着改变顺序演奏，用不同的乐器表现相同的节奏，讨论不同的演奏效果。

其他活动：

　　1. 让某个儿童即兴演奏节奏，其他的儿童随他（她）的乐曲做律动。

　　2. 唱一首熟悉的歌，改变节奏或改变速度再唱。问儿童一些问题：歌听起来有什么不同？为什么？你有什么办法改变节奏使这个曲子听起来效果更好？你如何表达速度的变化？

作　曲

教师指导为主/儿童活动为主

小 组 活 动

旋律音阶 XUANLÜ YINJIE

目标：

用一个台阶帮助儿童直观地理解音乐及音符间的关系

核心要素：

- 创造简单的记谱方法
- 辨别音高

材料：

- 积木
- 棋子
- 纸和铅笔
- 木琴

步骤：

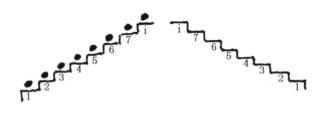

1. 用积木块搭一个8层台阶，说明木琴上的音就像台阶一样高高低低，一边从左至右敲击木琴，一边指着由低到高的台阶让儿童看。

2. 当教师敲击木琴时，让儿童轮流放一颗颗棋子在相应的台阶上。当教师弹出从低到高的音时，他们也相应地把棋子由低到高放在台阶上。当再由高到低地弹奏时，让他们从台阶最高处再逐渐把棋子放到最低处。

3. 把最高的台阶标为 i，让儿童一边唱出每个台阶的音，一边"爬"楼梯。

4. 在木琴上敲奏三五个音，让儿童猜猜敲了哪个音，然后把棋子放在相应的台阶上，请他们通过相应的符号分辨各个音和台阶的关系。

5. 鼓励儿童发明新的方法来说明音阶，比如画一个台阶，鸟儿飞高飞低，或大家庭中兄弟姐妹的排序。

6. 鼓励儿童用自己的记谱方法写出短的旋律，让他们唱一唱，并解释自己的歌曲。

作　曲

教师指导为主

小组／大组活动

数字记谱　SHUZI JIPU

目标：

　　用数字记谱，然后弹奏熟悉的、简单的旋律

核心要素：

- 识别音高
- 用数字记谱

材料：

- 木琴
- 铅笔、纸

步骤：

　　1. 用旋律音阶活动介绍用数字代表音符的概念。（儿童可能觉得数字和音符的关系比字母或五线谱的位置更好理解。）

　　2. 用数字记谱写出简单、熟悉的旋律或部分旋律（见下面的例子），边写边唱或边在木琴上奏出写下的音。通过写和敲，可以帮助儿童理解音符与数字间的对应关系。

　　3. 让儿童根据数字记谱在木琴上奏出音乐。

　　4. 鼓励儿童用数字写出他们自己的旋律，弹给全班听。

Mary Had A Little Lamb

1=F 4/4

3 · 2 1 2 | 3 3 3 | 2 2 2 | 3 5 5 |

Ma—ry had a lit—tle lamb, lit—tle lamb, lit—tle lamb.

3 · 2 1 2 | 3 3 3 3 | 2 2 3 2 | 1— ‖

Ma—ry had a lit—tle lamb, Whose fleece was white as snow.

玛丽有只小羊羔

玛丽有只小羊羔，小羊羔，小羊羔，

玛丽有只小羊羔，全身洁白如雪飘。

Row，Row，Row Your Boat

1 · 1 · | 1 2 3 · | 3 2 3 4 | 5·5· ‖

Row, row, row, your boat. Gent—ly down the stream.

1̇ 1̇ 1̇ 5 5 5 | 3 3 3 1 1 1 | 5 4 3 2 | 1·1· ‖

Mer—rily, mer—rily, mer—rily, mer—rily. Life is but a dream.

划，划，快划船！

船儿荡清波，

快快乐乐，快快乐乐，

生活像个梦。

作　曲

用音乐积木作曲　YONG YINYUE JIMU ZUOQU

目标：

排好音乐积木，在木琴上弹奏音符，了解音乐记谱方法

核心要素：

作曲

材料：

- 木琴
- 铅笔
- 五线谱纸
- 音乐积木（参见注意事项）

步骤：

1. 向儿童说明音符有时称它的字母音名：C、D、E、F、G、A、B、C，指出这些字母所代表的音在木琴上的位置（可能需要把原来拿走的琴条加上）。

2. 在练习了音阶后，试着唱出一些音，然后看儿童能不能在木琴上找到这些音。接着让一个儿童说出某个音，让另一个儿童在木琴上把这个音找出来。

3. 引入音乐积木，向儿童说明可以通过字母的不同安排写出简单的曲调。可以随意排一下积木，在木琴上奏出并加以说明。再重新排积木，弹出新曲子。

4. 让儿童按自己的意愿排音乐积木，让他们尝试几种排法，找出最喜欢的一种。鼓励他们用笔和纸记下自己作的曲子，用字母代表音符。有的小

朋友可能想把作的曲记在五线谱上，他们可以用这样的谱弹奏自己及他人的曲子。

注意事项：

可以用一组大小相同的木块，在每块上贴一个字母，从 C 到 C。或者把字母写在五线谱旁，与音符相对应，然后贴到木块上，当木块排成行时，看起来就像一张乐谱。

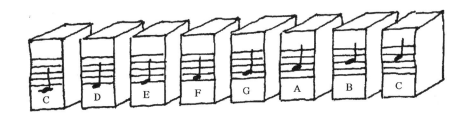

作　曲

教师指导为主/儿童活动为主

小组/大组活动

为电影配乐　WEI DIANYING PEIYUE

目标：

播放并录下电影片段的插曲或背景音乐，了解影像中音乐的作用

核心要素：

- 进行简单的乐曲创作
- 将音乐风格与视觉形象相配

材料：

- 电影片段、录像或卡通片
- 录像机
- 空白磁带

步骤：

1. 选一个卡通片或短的录像，或 2～5 分钟的电影录像片段，最好有各种动作。先看一看没有声音的片段，边看边讨论片中的人物可能说些或做些什么（会发出什么声响），什么样的音乐最适合做背景音乐。向儿童说明在电视节目中，每个主要角色在即将出场或在场时都很可能会响起一段独特的音乐，音乐可以制造一种氛围，向观众预示某种可怕或重要的事就要发生。和儿童谈谈在所看的电影中哪种音乐最适于与哪个角色、哪个动作相配。

2. 接着，帮助儿童为所看到的情节配上适合的音乐和音响效果，做成配乐音带。让他们思考以下的问题：

- 他们如何运用自己的嗓音和教室中的乐器（包括他们自制的配乐音带）？
- 他们怎样扮演剧中的人物？
- 如何使用教室中的器具产生他们希望得到的音响效果？

● 他们如何将创造的声音和音乐与电影中的人物及动作相配？

3. 将电影与配乐合成，然后让儿童观看。

注意事项：

制作电影配乐是一个长期的活动方案。儿童在观看后，需要经过多次选择，排练出他们认为适合的对白、音乐及音响等，才能取得较好的效果。作为较开放的活动，可以在放录像时把音响关掉让他们试着配乐，但不录音。

带回家的活动

我听到火车开来的声音 WO TINGDAO HUOCHE KAILAI DE SHENGYIN

目标：

- 通过识别车辆靠近或远离的声音了解音高
- 学习模仿各种声音

注意事项：

当你驱车行驶时，听到警报鸣叫声，无须考虑就知道发出鸣叫的警车或救护车是向你靠近还是远离，你是如何做出判断的呢？这是因为多普勒效应：即当救护车在向你接近的时候，警报声会变得尖细；而如果它远离时，则变得低沉。

通过听，让儿童辨别某种交通工具如救护车、火车、卡车等是靠近还是远去，这是儿童学习音高和练习仔细聆听的好办法。

步骤：

1. 你可以在家门口散步时，或在汽车（火车）站等任何车辆通过之处进行这个活动。告诉儿童火车等交通工具开来时，我们可以听到较高的声音，而当它通过或远离时，听到的声音变得低沉。让儿童听听小汽车、货车及公共汽车开过的声音，并加以模仿，鼓励他们对声音的变化提问。

2. 接下来做一个游戏，你看见一辆车（公交车、火车、卡车等）开过来时，让儿童闭上眼睛仔细听卡车开来的声音，问："这声音听起来是小汽车（公共汽车、火车等）开过来了还是在远离我们？"在车辆通过身边和开走时再问同样的问题。

3. 你和儿童可以自编游戏。比如让儿童假装为广播剧配制音响，让他们模拟火车进站从你身边开过的声音或警车追击时的警报声、救火车赶赴火灾现场的鸣叫声、高中球队队员赶去参加足球赛的声音等。让儿童问家里的成员知不知道车辆开来还是开走。儿童可以教学校里的同伴一起在户外活动时玩这个游戏。

分享：

让儿童去问问邻居，看他们是否能说出车辆是接近还是远离。儿童也可以在校外活动时把这个游戏教给别的同伴。

带回家的活动

家庭音乐 JIATING YINYUE

目标：

收集并比较自己家里或别人家里的摇篮曲、生日歌、节日歌

注意事项：

音乐是家庭生活中的重要组成部分。许多家庭有特别的催眠曲、生日歌曲以及宗教节日或其他庆祝活动的歌曲。每个家庭都有自己独特的演唱方式，比如，"生日快乐"这首歌就有许多唱法。儿童如果发现这些不同可能会很开心。在这个活动中，儿童得运用音乐记忆、辨别歌曲间的不同。儿童可能会探究歌曲的起源以及他们自己在保持、继承家庭及其文化传统中的作用。

步骤：

1. 选一首你家里经常唱的歌，比如，你家里常用的催眠曲或儿童在过生日和其他家庭庆典时喜欢听的歌曲，教儿童唱。

2. 让儿童问朋友（邻居、祖父母及其他亲戚），他们过生日或庆典时唱的什么歌，让他学唱。

3. 问一些问题帮助儿童比较歌曲间的不同，比如：

● 歌曲为什么听起来相像？是不是因为有同样的曲调？

● 有些歌曲是不是主题相同，但歌词各异？

● 是否有的歌曲用词相同，但语言不同？

● 歌曲在哪些方面会不同？

● 这些歌曲来自何处？它是否能告诉我们家中或别人家中的特别之处？

● 自己家人、朋友家人是怎么学唱歌曲的？

分享：

可以在自己家里进行此活动，也可与学校教师合作。教师可选择一首生日歌或节日歌让儿童与家庭歌曲做比较。

资源和参考资料

Bayless, K. M. & Ramsey, M. E. (1987). *Music: A way of life for the young child* (3rd ed.). Columbus, OH: Merrill.

Beall, P. & Nipp, S. (1984). *We sing and play*. Los Angeles: Price/Stern/Sloan.

* Bergethon, B. (1980). *Musical growth in the elementary school*. New York: Holt, Reinhart & Winston.

Birkenshaw, L. (1982). *Music for fun, music for learning* (3rd ed.). Toronto: Holt, Reinhart & Winston.

Cohn, A. (1993). *From sea to shining sea*. New York: Scholastic.

* Davidson, L. & Scripp, L. (1988). Young children's musical representations: Windows on music cognition. In J. Sloboda(ed.). *Generative processes in music*. Oxford: Clarendon Press.

DeBeer, S. (ed.). (1995). *Open ears: Musical adventures for a new generation*. Roslyn, NY: Ellipsis Kids.

Dunleavy, D. (1992). *The language beat*. Portsmouth, NH: Heinemann.

* Flemming, B. (1977). *Resources for creative teaching in early childhood education*. New York: Harcourt Brace Jovanovich.

Jalongo, M. (1996, July). Using recorded music with young children: A guide for nonmusicians. *Young Children*, 51, 11-14

Jenkins, E. (1984). *Learning can be fun*. [video]. Washington, DC: National Association for the Education of Young Children.

Hart, A. & Mantell, P. (1993). *Kids make music! Clapping and tapping from Bach to rock!* Charlotte, VT: Williamson.

* Krone, B. (1959). *Help yourselves to music*. San Francisco: Howard Chandler.

McDonald, D. T. (1979). *Music in our lives: The early years*. Washington, DC: National Association for the Education of Young Children.

Nichols, B. (1989). *Beethoven lives upstairs*. [audiocassette]. Toronto, Ontario: Classical Kids.

Page, N. (1995). *Sing and shine on! The classroom teacher's guide to multicultural song leading*. Portsmouth, NH: Heinemann.

Prokofiev, S. (1977). *Peter and the wolf*. [audiocasette]. New York: Columbia Records.

Upitis, R. (1990). *This too is music*. Portsmouth, NH: Heinemann.

Upitis, R. (1992). *Can I play you my song?* Portsmouth, NH: Heinemann.

运动活动 YUNDONG HUODONG

注：本部分作者为 Julie Viens。

运动活动概述　YUNDONG HUODONG GAISHU

　　运动是儿童发展的一个重要方面。儿童用身体表达情感和想法，尝试运动技巧，检验身体动作和运动技能的局限。通过运动，儿童尝试创造性的活动和纯粹的活动（我们强调创造性活动，是因为许多早期的基本活动中已包括了体育运动和练习），提高身体控制能力和对节奏的敏感，产生运动观念，用身体表达情绪和思想等。

　　儿童对身体运动的意识有一定的发生程序。本部分活动根据身体运动的关键能力，兼顾儿童身体运动的发展顺序来组织。每部分先引入基本活动，再进行复杂的活动。例如，节奏活动时先探寻自己身体中的节律——心跳；在这个准备练习之后，进行辨认节奏和随节奏而动的活动；最后，让儿童自己创造节奏模式。这里只安排了一个用动作表现音乐的活动，因为音乐在其他很多活动中都占有较大比重，可以让儿童在任何（包括音乐）的活动中伴随音乐而动。

　　基本技能技巧部分主要是热身、放松及恢复练习。作为从运动到安静活动的转换环节，热身与恢复练习可以用于每个部分。身体活动是需要教师指导的一种特别的感知活动，儿童在没有指导时可能会做出破坏性的动作。而伸展运动和放松运动都是安静和放松的，教师一旦解释并进行几次练习后，通常可以放手让儿童自己去进行。

　　根据多元智能理论，用身体解决问题是智能的独特形式。如突破上篮，以舞叙事，在容易失衡的情况下保持平衡等，都是儿童用身体思考的例子。另外，给儿童提供扩展运动词汇和身体功能的机会，可以帮助他们把身体当作解决问题的工具。同时，身体运动也可以使儿童产生探索周围世界的积极性，体验愉快的经历。

　　当儿童上幼儿园或进小学时，他们已经知道了不少基本的身体运动。在引入这部分的活动时，可以让儿童说说他们知道哪些一般的或具有创造性的运动，并做记录。然后，引导他们参加一些创造性的运动，可以用头、手臂、腿和全身表达想法与情感，可以大胆想象，假扮成各种东西，用身体来表达自己。

接下来，玩"西蒙说"（类似"请你跟我这样做"的游戏——译者注）的游戏。根据规则进行，但不要用"西蒙说'摸摸你的鼻子'"之类的简单指导语，应尽量鼓励儿童运用想象，假装各种不同的东西。教师先示范几个例子，比如假扮成猴子和花朵，以便让儿童知道怎么做。鼓励儿童做出认为符合西蒙游戏的任何姿势。一旦他们熟悉了这个游戏，就可以让儿童"当头儿"（即说指导语的人，大家按他的指导语做动作）。下面是一些启发想象力的西蒙游戏指导语：

> 风中的一棵大树
>
> 种子长成花
>
> 爆米花声
>
> 做意大利实心面
>
> 走在泥泞路上的人
>
> 一只陷入泥潭的狗
>
> 划船的人
>
> 机器人
>
> 字母 O
>
> 雪花飘飘

告诉儿童他们可以表现得富有创造力，用想象和身体假扮出各种不同的人和物。这类活动表明他们可以用想象和身体进行很多类似的活动。

不少身体运动需要儿童按顺序记住具体的步骤，这对他们来说可能有点难。因此，有时我们提供一些草拟的指导语帮助教师在练习时和儿童谈及将要进行的每项活动。不过，这完全不限制教师选择活动方式的自由。

关键能力 GUANJIAN NENGLI

身体控制

- 对身体各部分的区分和运用的意识与能力
- 计划、连贯、有效地执行动作（即动作不是随意、凌乱的）
- 能够重复自己和他人的动作

节奏感

- 随固定或变化的节奏（尤其是音乐）运动（比如律动、对节奏变化有意识等）
- 能够设定自己的节奏并调控它以达到向往的效果

表现力

- 在语言、道具和音乐的激发下，通过手势和身体姿势抒发情感
- 能配合乐器或音乐片断的气氛和音调做出应答（比如，用轻快流畅的运动与抒情诗相配，用有力、有节奏的运动与进行曲相配）

产生运动创意

- 能用语言、身体或两者相结合，发现有趣、新奇的动作创意（比如，建议儿童伸出手臂表现天上的浮云）
- 能用独特的动作及时地配合各种创意和想象
- 设计一个简单的舞蹈，还可以教别人

对音乐做出呼应

- 对不同的音乐有不同的呼应
- 呼应音乐时表现出较强的节奏感和表现力
- 轻松自在地探索可利用的空间（水平的或垂直的），并用不同的水平在其中运动
- 在公共空间中考虑到他人
- 在空间中尝试身体的移动（如转身、旋转）

基本技能

农场热身 NONGCHANG RESHEN

目标：

在进行创造性活动之前先作热身和伸展运动

核心要素：

- 灵活性
- 合作
- 身体控制

步骤：

1. 让儿童起立，请他们与你一起，想象在农场里做一个有趣的伸展运动和热身运动，闭上眼睛做出被公鸡打鸣唤醒的样子，为后面的创造性活动做准备。

2. 用我们的提示或你自己的话，告诉儿童从床上跳起来，慢慢地伸懒腰，让他们手臂朝向天花板，伸展右边的肋肌，身体向左倾，照此向右伸展。

3. 上下点头，活动肩颈处的肌肉，然后向左，向右，再复原。告诉他们把肩抬起来挨向耳朵，然后放下。胳膊在竖直方向作环绕，先向上，然后就像碰到什么似的返回并往下，往前，复原。重复几遍后，告诉他们是穿上外套的时候了（儿童假装穿上外套），然后走出去。

4. 让儿童做几次深呼吸，看他们能闻到什么：新鲜空气、干草味、煎饼味还是熏物味？他们早餐前得做些家务。让儿童做下面的运动或你找的可伸展大肌肉群的运动。

- 拍小猫

粮仓里的猫通常较警觉，所以拍猫的动作得非常轻缓。将头弯向地板，

把下额靠向前胸然后身体随着头向下埋，肩和背也随着下弯。让手臂自然放
松下垂，拍拍猫，然后慢慢地直腰、肩、头，站直。

● 学鸡点头

在外出参观时，看鸡在走路时头怎样前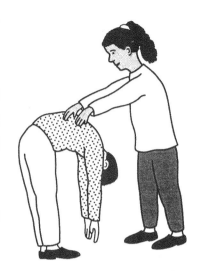
后动。问儿童会不会那样做，但别太快。

● 泥路上行走（膝盖抬起）

注意，农场里有的地方很泥泞，得把膝
盖抬到臀的高度才能迈步。每次抬步感受大
腿部位的伸展（让儿童两腿交替，数三下让膝
部保持抬起状）。

● 耙草

早春是耙草备种之时。伸出双臂，假装
耙去地上的枯枝败叶。

● 拔草

在耙地时已除掉大部分草，但是还得蹲下用手拔掉没耙去的草。双腿略
分开，慢慢地屈膝，伸出双手，每只手里抓一把草，站起来把草扔到草肥
堆里。

● 装草

假想手中有一根叉草的工具，把草叉到车里。假装那草很重，做叉草的
动作时手臂有肌肉紧张感。

● 踢拖拉机轮胎

轮胎里是否有足够的气？假装使劲地踢轮胎，两腿交换着踢。

注意事项：

运动之前先进行热身准备，养成运动之前伸展四肢的习惯，避免运动受
伤。用讲故事来为后面的活动创造游戏气氛。可根据儿童的兴趣、季节和所
教的内容创造出许多不同的方案。

基本技能

热身操 RESHENCAO

目标：

放松，伸展热身

核心要素：

● 灵活性

● 身体控制

材料：

方形毯（不限）

步骤：

第一套

教师指导用语：

1. 俯卧于地面，双手平放在两侧（能用方毯更好）。

2. 慢慢吸气，同时向后弯曲双膝，双手后握两踝，轻轻拉动，呼气（重复两遍）。

3. 基本同上，只是在握住脚踝呼气时，前后拉动。

4. 仰卧，膝至胸前，双手伸直放于两侧，双腿右转，每次转至膝能接触地面为止，转腿时吸气，膝着地时呼气（重复3～5遍）。

第二套

教师指导用语：

1. 两腿放直坐于地板上，身体轻轻向下弯，吸气并把手臂伸向脚尖，将头埋下，继续向前伸至你感觉靠地板的腿部有拉的感觉，保持姿势数三下，呼气并慢慢恢复坐姿（重复3遍）。

2. 两腿分别向两侧分开坐，吸气时手臂朝左腿下压向前触脚尖，头向下朝前直到腿部有拉的感觉，保持姿势数到三，呼气，还原（然后向右侧）。

第三套（猫伸懒腰）

教师指导用语：

1. 我们学猫伸懒腰。闭上眼睛，想象猫在伸懒腰时的样子和感觉，四肢趴在地上，弓背，头自然朝下。

2. 塌背，抬头和肩，伸颈，上看（保持几秒钟，重复一次）。

注意事项：

伸懒腰是从瑜伽中借鉴而来的，是很好的放松练习。教师可用这个练习帮助疲劳的儿童恢复或转移精力。

基本技能

教师指导为主
小组/大组活动

恢复练习 HUIFU LIANXI

目标：

运动之后的放松

核心要素：

- 柔韧性
- 身体控制

步骤：

1. 在激烈的运动、体育课或短暂的休息后做恢复运动。让儿童围坐成一圈（在任何空处），做缓慢的深呼吸。可以这样暗示他们："闭上眼睛，下颌放到胸前，过一会儿慢慢抬起下颌，睁开眼睛。"

2. 用这里提供的示例或自己说口令，引导儿童做伸展："把手举过头向上伸展，然后放下手臂，慢慢低头——低头，曲颈，肩向下，最后弯腰。每次一小步动作，双手自然下垂。慢慢以相反的顺序进行：直腰，抬肩，抬头，直到人站直，然后手臂向上举，保持姿势并踮起脚跟，最后脚跟放平，双手放下。"

3. 重复几次这样的伸、弯动作后，让儿童坐在地板上。

4. 当儿童坐好后，对他们说："闭上双眼进行深呼吸，屏住呼吸，然后慢慢呼气"，如此重复三四次。吸、呼气时数三下（比如，吸—2—3，呼—2—3）。

5. 深呼吸后，让他们慢慢睁开眼睛，把脚放在地上然后推他们站起来，但腿仍弯曲，让他们数四下，然后站起来。大声数，直到每个人都站起来。

6. 询问是否每个人都已恢复，如果是，就可以准备其他活动了。如有必要，可以多做一会儿。

注意事项：

如果有条件，在做恢复及其他放松活动时可播放些音乐。

身体控制

教师指导为主

大组活动

镜像动作游戏 JINGXIANG DONGZUO YOUXI

目标：

学会控制身体的各个部分做另外一个人的镜像动作

核心要素：

- 身体控制
- 产生运动概念

步骤：

1. 告诉儿童两两配对做照镜游戏。一个人做动作，另一个人与他(她)面对着，做他(她)的镜像动作。

2. 请一个儿童做你的伙伴示范这个游戏。他(她)做和你同样的动作，他(她)的动作是你的镜像动作。不慌不忙地活动身体，比如转体、摆动手指、手从头放到膝等。

3. 做几个动作之后，两人交换，让他(她)做动作你做镜像动作。

4. 示范后，把儿童两两配对做镜像动作游戏。在必要时提醒他们游戏的关键在于不要不顾同伴的动作(比如做得过快，突然改变动作)，而是努力和同伴做同样的动作，做他(她)的镜像。

其他活动：

1. 儿童在休息或自由活动时间里可能喜欢做这样的游戏：准备一个表演片段给其他儿童，通过练习，他们可以做一系列比较复杂的动作。

2. 儿童可以围成圆圈，然后进行一个接一个的传接动作，像波浪那样。

注意事项：

可以利用镜像动作游戏探究运动的各个方面。比如，可以运用空间(如坐下、后退、伸展)或表现性动作和动感的动作(如做流动般的动作,像波浪起伏)或者在做此活动时放音乐,让儿童随着音乐运动,观察他们对音乐的反应。儿童学会这个游戏后,可以在固定活动时间后、自由游戏时间里做这种镜像动作。

身体控制

教师指导为主

小组/大组活动

雕塑游戏 DIAOSU YOUXI

目标：

根据语言和节奏线索做游戏

核心要素：

- 身体控制
- 时机感
- 节奏感

材料：

- 鼓
- 鼓槌

步骤：

1. 告诉儿童如何做雕塑游戏：在你击鼓时，让他们在房间里随你的鼓声运动，鼓声停动作止，他们应在此后保持他们停止时的姿态，像雕塑一样一动也不动。

2. 敲鼓 5 下，然后停止，提醒儿童停下时像雕塑一般。敲鼓 8 下然后停止。

3. 改变击鼓的节奏和鼓声特性，比如快击、慢击、多击几下。

4. 确定运动时的节奏和保持姿势时的节奏。也就是说，让儿童在一段时间运动，在另一段时间里摆造型。比如，在稳定的 8 下鼓声时活动，在 5 下击鼓时停下来，重复 2~3 次，改变节奏型。

5. 指定一种姿势为造型姿势，比如，在 8 下击鼓时动，在另外 8 下鼓声中蹲下不动；或者在前 8 声中动，在 5 声时单脚平衡，等等。

注意事项：

1. 教师可以让儿童做"西蒙说"游戏为本游戏做准备。让儿童排成一排，站在你后面，做你所做的动作。首先，告诉他们你在做什么，比如，"当我走时，你们也要走，我停下，你们也停，我跳，你们也跳。"之后，试一段不说话的运动，让他们认真地跟着你做动作，也可以让儿童轮流领头做。

2. 另一种准备此活动的办法是进行本部分中的其他节奏活动（"心跳""我会哪种节奏"）以及音乐活动中的韵律诗，等等。

身体控制

儿童活动为主

小组活动

四方格 SIFANGGE

目标：

练习身体控制，在熟悉的游戏中保持平衡

核心要素：

- 身体控制和平衡
- 进行设计好的运动
- 策略

材料：

- 粉笔画的人行道
- 球

步骤：

1. 此活动在户外进行。用铅笔在地上画一个四方格，分别标上 1、2、3、4 的序号。

2. 每个格子里站一个儿童，让儿童在格子旁站成一排。

3. 4 号格子中的儿童把球踢到其他伙伴的方格中，儿童互相把球踢来踢去，直到有人失误丢球。

4. 丢球的儿童离开方格排在格子外的队列最后，其他 3 个伙伴之一移到丢球者的格子中，其余 2 人顺次移动，排队进来的人进入 1 号方格。

注意事项：

1. 这是一个很好的户外游戏。儿童一旦掌握了规则，就可以自己玩。

2. 另外一些类似的游戏，比如，跳房子，也可以锻炼儿童的身体控制、保持平衡及运用策略。如果愿意，让儿童自己制订并运用他们自定的规则

（跳房子的规则有：单脚踢盒子、闭上眼睛踢盒子、结伴进行、改变方格图形）。

　　3. 给儿童一些器材，像呼啦圈、球、跳绳、沙（豆）包等，鼓励他们自己发明游戏。（如有必要，在开始时给他们一些建议。也许他们能转呼啦圈，或把它放在地上作为拍球的界线或障碍。沙包可用来作进行投掷或平衡的竞赛。让儿童在自己的小组中玩，然后向全班说明自己的玩法。）

身体控制

教师指导为主

小组／大组活动

障碍跑 ZHANGAIPAO

目标：

一系列的发展适宜性运动技能

核心要素：

- 身体控制，特别是平衡性
- 力量（爆发力）
- 速度
- 灵敏性（能在不同空间作迅速、连续的活动）

材料：

- 卷尺
- 木板（一块宽的做跳板用，一块窄的做平衡木）
- 标尺或其他做标记用的东西
- 跳栏
- 垫子或席子

步骤：

1. 选一个能放下 6 个障碍的跑道，最好是运动场。如果没有运动场，体育馆或室内开辟出的运动空间亦可。

2. 建一个有障碍的跑道。下面提到的各种障碍物都可发掘许多运动技巧。不过，请根据班级里儿童的兴趣和需要设计障碍。

3. 尝试用教室中可利用的器材。比如，可以在地板上固定一条卷尺作为跳远的标志；在室外，用粉笔在地上画一条线或用废木屑、卷尺、布带等作为平衡木；在体育馆，可以在地板上画一道线来作平衡木；用椅子、书堆、轮胎或其他安全、被认同的东西做障碍标记。用一块宽木板做踏板，一头着地，一头用别的东西垫高。可以用木条、带子或竹条做栏杆。

4. 在安排好这些东西之前，可能要经历试误的过程，才能找到适合的构想和场地。多彩光谱项目里将障碍跑道设计成马蹄形，效果很好，因为它设置了最后冲刺的空间。如果不安排冲刺，通常采用方便教师安排及儿童使用的圆形和方形的跑道。儿童经过一个个站点，最后又来到起点，进入下一轮。8字形跑道设置容易让儿童糊涂，而直线跑道会给儿童游荡的空间。

5. 开始活动之前，检查设备是否牢固安全，和儿童一起走过整个跑道，示范他们如何通过每一个障碍。可以让他们进行试跑或全组一起练习。

6. 让每个儿童单独通过障碍道，以消除不知所措的感觉，教师也可以看看每个儿童怎样独自完成任务。

7. 在后一时段可作一些变动。如改变站点的障碍物，或换上与指导相符的设置。还可以征询儿童对用具(如呼啦圈)或游戏(如扔沙包)的意见。

多彩光谱项目障碍跑

站点1：跳远

儿童静立在起跳处，向他们说明如何在跳前、跳后保持双脚并拢，怎么用手臂和躯干使身体前倾。起跳时双膝微屈。向他们示范如何摆臂：起跳前往后摆，为起跳创造动力；跳出后向前摆。强调跳远的目的是争取水平方向上的距离而不是垂直方向上的高度。

站点2：平衡木

让儿童慢慢跨过平衡木。教师强调并示范双脚交替走，两眼平视前方，保持身体平衡。如果使用升高的平衡木的话，一定的保护是十分必要的。

站点3：绕障碍物跑

在这个点上，儿童绕着障碍物跑，绕过5个障碍或障碍标尺，跑得越快越好。先示范成功的绕跑，两眼看着标尺，摆臂(幅度适中，不要太小也不要太大)，注意抬膝，轻快地跑，脚趾用力。强调该项目的目标是尽量靠近标尺，快速跑。在小心、审慎的平衡木运动之后，绕障碍跑可使儿童稍微得到放松。

站点4：踏跳

从绕障碍跑到跨栏，有一个很好的过渡活动——从斜坡上跳下。这项活动因为比较刺激，很受儿童喜欢。教师可以在地上放垫子以减少着地的冲击。找一块宽的木板一头着地，另一头垫高2英尺，让儿童跑上斜坡，双脚踏板，屈膝跳起，落到地板或垫子上。教他们运用双臂保持平衡。

站点5：跨栏

每隔3英尺设一个栏杆，共三四个。在栏杆之间，留足够的空间让儿童重新组队。跨几步放下一个栏杆。栏杆可以用竹竿或塑料竿放在支撑物上做成，便于拿取。向儿童示范如何不停步地跨栏。假如儿童十分犹豫或不愿意跳，问他们是否愿意用别的方法完成（比如爬过去）或者把栏杆升高，让儿童从下面钻过。

站点6：冲刺

在跑道最后，一段较长距离的冲刺可以给儿童成就感和满足感。找一个地方让儿童可以跑大约20码，用篱笆或冲刺线作为目标，确信儿童不会跑入危险区域。最好建一个封锁线以防儿童跑出跑道。

多彩光谱项目障碍跑跑道设计

＃1跳远 ——→ ＃2平衡木 ——→ ＃3障碍跑 ——

＃6最后冲刺 ←—— ＃5跨栏 ←—— ＃4踏跳 ←——

节奏感

教师指导为主

小组/大组活动

心 跳 XINTIAO

目标：

通过发现个人的生理律动，熟悉节奏

核心要素：

- 对节奏的敏感，尤其是辨认节奏
- 随节奏运动

材料：

听诊器，如果可能的话准备时钟或秒表

步骤：

1. 告诉儿童如何在颈部和腕部找到自己的脉搏。当儿童找到他们的脉搏时，让他们用脚把脉搏跳动的节奏踏出。（如果有听诊器，让他们每个人互相听听对方的心跳，他们可以用拍手或踏脚表示脉搏的节奏。）

2. 向他们说明可以测心跳和脉搏，看看它跳得快还是慢。用钟或秒表让儿童轮流测自己在 15 秒钟内的心跳，每个儿童都得数准。作为一个教学活动，儿童可以准备一个图表代表全班每个同学的心率，看看谁的心跳最快，谁的最慢，谁的最平常。

3. 让儿童参加渐趋激烈的活动。先让他们走，然后跳，快跳，学"跳娃娃"（一种玩具）等。如果在户外，让儿童绕圈跑。每项活动后，让他们测一下心跳，看有什么情况发生。给他们每人做一张图表，用来表示不同的活动后他们的心跳情况。注意在激烈运动之后作恢复活动。

4. 放各种节奏的音乐给儿童听，让他们通过拍、敲、哼来表示心跳的节奏。

注意事项：

这个活动可以扩展为几个部分，可以引入绘图、韵律、作曲等其他活动。比如，你可以让儿童用各种打击乐器击出他们自己的心跳节奏，或用这些乐器表示出自己在动、跳、跑时的心跳变化。可以进行录音或与全班儿童分享。

备注：本活动引自 E. Nelson 1979 年著的《各年龄阶段儿童的运动游戏》
　　　一书。

节奏感

我知道这是什么节奏 WO ZHIDAO ZHESHI SHENME JIEZOU

目标：

通过伴随击鼓声做动作，学习节奏

核心要素：

- 随变化的节奏而动
- 表现力

材料：

- 鼓和木槌
- 铃或木琴

步骤：

1. 让儿童在地板上围成一圈，告诉他们尝试节奏和数数。让他们在你稳定地敲鼓时仔细地听。过一会儿，让他们随着你的敲击声拍手。

2. 当他们能够自信地跟上节奏后，就改变节奏。让他们先听，然后随着鼓声拍手，你击一个华尔兹的节奏（1—2—3，拍一拍再重敲），让他们跟着鼓声拍。

3. 让儿童起立，随鼓声踏步。这个练习很像儿童按自己的节律运动，只是这次是随鼓声律动。

4. 试一试其他的节奏然后改变速度，让儿童随鼓声在房间里活动，鼓励他们在走动、活动身体各部位时，发展自己的模式。可以这样建议："你能随鼓声动手、动臂、动头、动脚吗？"

其他活动：

1. 当儿童对活动有了经验后，让每个人数一下（节奏）做一个动作。比如，数第一下时跳起，数第二下时走步。华尔兹节奏可以配上跳—走—走，跳—走—走，让他们改变顺序。

2. 用铃铛和鼓改变节奏。例如，你可以用鼓敲第一下，然后用铃铛（或木琴）敲慢一点的节奏，奏出不同的节奏让儿童辨认是快还是慢。接着，让儿童随着节奏活动。当儿童适应后，改变节奏，甚至可以让他们轮流为全班敲鼓和铃。

节奏感

哼鼓声 HENG GUSHENG

目标：

用声音和鼓探索节奏

核心要素：

- 节奏的敏感
- 设定自己的节奏
- 表现力

材料：

鼓或其他打击乐器

步骤：

1. 就像注意心跳和脉搏一样，学习说话的节奏是帮助儿童学习节奏的好方法。让儿童用敲棍子、拍手、击鼓来表示出自己说话的节奏。向他们说明，每个音节敲一下鼓。练习一些句子，然后，让他们假装是在和一个朋友通电话，或者碰到一个新同学，或参加你安排的其他场景。或者，让儿童敲出他们随后 3 分钟说话的节拍。

2. 接下来让他们不说话，边敲边哼出自己想说的内容。提醒他们仔细听才能理解拍出和敲出的节奏的含义。

3. 最后，鼓励他们自己完全不说话，只用鼓或其他乐器进行交流。

4. 讨论为什么鼓所传递的信息难以理解，可以怎样改变节奏，来使信息变得更清楚。如果可能，让儿童提问："好消息听起来是什么感觉？坏消息听起来像什么？表达害羞的鼓声是什么样的？"等等。你可以在图表上记下儿童的回答，创编一套"鼓语解析"。

5. 做一个"猜"的游戏，让儿童两两一起，根据对鼓声的猜测，互相交谈、猜测。看儿童是否能将这种谈话进行下去。之后，让他们讨论鼓语解析的效果。

6. 鼓励儿童用动作表示信息。一个儿童在鼓上敲某个意思，另一个儿童就接着敲。

注意事项：

要了解话语节奏的更多活动，请参考音乐活动中的"韵律诗"一节。

备注：本活动改编自《各年龄阶段儿童的运动游戏》。

表现力

教师指导为主

小组/大组活动

妙极了 MIAOJILE

目标：

学会通过动作表达不同的情感

核心要素：

- 对语言线索的反应
- 通过运动抒发好心情

材料：

抒情音乐磁带

步骤：

1. 告诉儿童将做一个了解情感的活动。请他们听到音乐后，根据对音乐的感受，在房间里做各种动作。让儿童在房间里散开，用动作表现音乐片段。可让儿童描述自己对音乐的感受，帮助他们运用一些表达情感的词汇：音乐听起来快乐吗？悲伤吗？令人兴奋吗？等等。

2. 从某种特定的情感（比如快乐）开始提问。比如，音乐给人什么感觉？当儿童回答说"快乐"时，鼓励他们做出各种快乐的动作。"高兴时你的头会怎样？你的腰呢？给我看看你快乐时的肩，欢呼时的脚，高兴时膝盖的样子"，可以让儿童比画 2 分钟，然后让他们休息。

3. 接下来，将音乐变成悲伤的。同样，一开始就问儿童一些问题，比如，"你怎么能够不说话而让你的朋友知道你很难过？悲伤时的肩头什么样？悲伤时的胳膊怎么动作？悲伤时的腿和脚尖呢？悲伤时的头、嘴、眉毛什么样？你身体的各部分在悲伤时都什么样？怎样动作？"等等。持续 1～2 分钟后让儿童停下来。

178

4.继续做这样的活动。播放一些令人慌张的、疯狂和兴奋的以及其他类型的音乐。鼓励儿童在教室里表演"显得慌张、愤怒、激动、惊讶"等的样子。也可以启发儿童想象音乐中可能伴随的情境，如提示"就像你们在开生日晚会""就像你的好朋友要离开了"等。

5.扩展此活动。鼓励儿童联想（或带一些磁带）那些激起他们稳定情绪的音乐，鼓励他们讨论使他们感到快乐、愤怒、悲伤的歌曲（及其节奏、速度、旋律、歌词），他们也可以选用一首或一段音乐来表演集体舞蹈，或互相表演动作等。

注意事项：

你可能想制作（或买）某种情绪色彩的录像带或由激起不同情绪体验（愤怒、快乐、悲伤、平静、迷惑等）的音乐选段所组成的录音带，有如下曲目可参考：

令人悲伤的：《棕色头发的琼妮》(Stephen Foster)；

令人发怒的：《卡洛兰序曲》(Ludwig Van Beethoven)；

令人害怕的：《斑德山之夜》(Modest Mussorgsky)；

令人高兴的：《可爱的她》(Stevie Wonder)；

令人迷惑的：《神迷》(Fela Kuti)。

备注：本活动改编自 G. Hendricks 等 1983 年所著的《运动中心：课堂的探索运动活动》。

表现力

教师指导为主

小组/大组活动

我可以这样做 WO KEYI ZHEYANG ZUO

目标：

探究动作引起想象的方式

核心要素：

● 表现力

● 产生活动概念

● 观察技巧

步骤：

1. 让儿童站起来做游戏，用身体模仿各种动作、人或事物等。比如，爆玉米花的情景，在深泥里走的情景。与他们谈论动作的特征（比如，轻轻地像什么？重重地呢？噔噔地走呢？不连贯的动作呢？），运动的速度（慢的，快的，急速的），运动的空间趋向（地上爬的，空中飘的，介于两者之间的）。

2. 让儿童假装是被老虎捕食的动物，是一只在水箱中游来游去的鱼，被风吹的树叶……看他们会怎样做。鼓励他们表演想象的形象。

3. 和儿童一起做一些滑稽的动作组合。比如，让儿童想想穿着夹克的鸟儿怎样飞行，跛脚的老虎是什么样子。鼓励他们想象自己的动作组合。

4. 让儿童两两搭档，帮助他们设计角色并准备表演一个小情景，如划船捕鱼，吃饭，滑雪，在突来的暴风雪中躲避追捕，筑巢的小鸟，等等。鼓励他们自己想出一段情境来表演。

注意事项：

1. 可以把这个活动搞成猜谜活动，做动作然后让儿童猜这是什么，或在做什么，然后交换角色让儿童表演，教师来猜。

　　2. 可以准备代表各种情境的卡片，组织更具结构的游戏（可以选择主题，如动物、体育运动或书本）。比如，让一个儿童抽一张卡片，用动作表演卡片上的意思，直到另一个小朋友猜出卡片上的内容为止。猜出的小朋友接着表演。

表现力

教师指导为主
小组/大组活动

跳舞表演故事 TIAOWU BIAOYAN GUSHI

目标：

通过表演故事中的形象探究身体的表演潜能

核心要素：

- 表现力
- 产生运动、动作概念

材料：

图画书（有无文字说明均可）

步骤：

1. 从读一段小故事开始，谈论文字和图画向我们讲述了些什么。让儿童想想某个画面告诉人们些什么。如果他们讲不出来，想想怎么才能告诉别人这个故事的内容。

2. 教师示范用动作表示出故事中的某个部分。如"史密斯先生关门"，就表演关门的动作。

3. 说明整本书里可以表演的部分，让儿童起立表演你选择的一个故事。一页一页地讲述故事，出示图片，让所有的儿童表演。一遍完成后，再从头至尾表演一遍。

4. 作为一个活动，可以让每组儿童表演他们喜欢的故事。把教室分成几个区（或在不同的时间进行不同的活动），让每组儿童表演自己的故事。小组中一个儿童念（或讲）故事，其他人表演。教师在教室中走动，提供帮助。在后半段时间让每组儿童表演。

注意事项：

可以用拍下这些活动的录像带或相片，建成一个表演故事的图书室。

产生动作创意

教师指导为主

小组/大组活动

身体各部位的表演 SHENTI GE BUWEI DE BIAOYAN

目标：

通过身体各个部分的运动，产生和探究各种动作创意

核心要素：

- 身体控制和身体意识
- 产生运动概念
- 表现力

材料：

- 围巾
- 音乐磁带或广播节目

步骤：

1. 告诉儿童在这个活动中他们将随着音乐做动作(不是跳舞)。向他们说明身体可以做出很多动作，因为我们身体的很多部位可以单独地动作。这个活动将探索我们身体的各个部位可以进行的活动。

2. 让他们列出自己身体各个部位可以做的动作，把这个单子粘在图表上，教师帮助儿童补全上面的内容。

3. 让儿童起立，从第一项开始，表演他们所列出的各种动作。如果以小组为单位，想出其中每个动作的名称。比如，眼睛可以闭、眨、眯，肩膀可以耸、摇、转圈等。

4. 在同一天或不同的天，和着音乐重复练习。按列出的清单，每次进行一个身体部位的运动。播放各种音乐看儿童能否产生新的运动或动作创意。引导儿童讨论音乐怎样帮助他们发现新的动作，当音乐变化后，他们能

否改变动作方式。

5. 灵活运用音乐。比如，儿童可以在同一段音乐中运动身体的不同部位，探究各个身体部位有什么共同点。小组成员可以在身体各部位运动的基础上进行舞蹈表演。

注意事项：

音乐可以激发儿童创造出不同类型的动作，因此应注意收集一些音乐。你可以鼓励儿童带些他们最喜欢的音乐到学校来，或者用收音机随意选择各种音乐电台。

如果儿童创造动作时需要的话，可以给他们准备一些方巾。

备注：本活动改编自 G. Hendricks 等 1983 年所著的《运动中心：课堂的探索运动活动》。

产生动作创意

身体造型 SHENTI ZAOXING

目标：

用身体摆出几何图形，发展空间感

核心要素：

- 产生动作创意
- 再认形状
- 空间意识
- 解决问题

材料：

图形卡（画有三角形、正方形和其他几何形状的卡片）或木块

步骤：

1. 把全班分成几个 5～6 人的小组，鼓励儿童联合起来用身体做出教师说明的形状。

2. 带领儿童在屋里活动，尝试做出各种形状。在他们造型时教师在教室里走动，让儿童做 1～2 个其他的基本形状。

3. 让儿童做更多复杂的形状，让每个小组都能构成某个形状，并向他人展示。应鼓励儿童想出各种方法。如果某小组没能形成某种形状，可帮助他们重新组合。

其他活动：

儿童可以用他们的身体，单人或小组形成字母。鼓励他们用各种各样的方法，躺着、坐着、站着等。指出他们各自想法的不同之处。

注意事项：

如果儿童玩这个游戏有困难，可让他们先用塑料管拼出图形，再用身体
造型。

产生动作创意

跳　跃 TIAOYUE

目标：

通过说出跨越房间、操场的不同方法，扩展儿童的运动、动作概念

核心要素：

- 产生运动概念
- 身体控制
- 表现力

步骤：

1. 让儿童在房间或操场的一侧排成一排，让他们每个人想出一个新的动作穿到另一边去。

2. 让儿童争相描述不同的跨越方法（单脚跳、蹦蹦跳、跳跃式、奔跑、冲刺等）。教师在适当的时候提供建议（手和脚可以干什么？你非得走不可吗？）

3. 让儿童按自己的想法进行活动，或给他们以下的建议：

- 一起蹲着走；
- 和某个伙伴一只手一条腿绑着在一起，慢慢移动；
- 蒙着眼睛，让人帮着指方向；
- 踮着脚尖走；
- 爬过去；
- 倒着爬；
- 像螃蟹一样横着爬；
- 滚过去；

● 侧手翻过去。

4. 和儿童谈论这些活动，把他们说出的运动概念都写下来（写在图纸上亦可）。

5. 为运动配上音乐，让儿童根据音乐改变他们运动的方式。

备注：本活动改编自 G. Hendricks 等 1983 年所著的《运动中心：课堂的探索运动活动》。

产生动作创意

用身体模仿机器 YONG SHENTI MOFANG JIQI

目标：

用身体模仿机器，探索身体各个部位的运动能力

核心要素：

- 产生运动、动作概念
- 了解结构与功能的关系

材料：

- 食物研磨机
- 其他有可动部分的机器(不限)
- 纸和蜡笔

步骤：

1. 把一台食品研磨机或其他小的机器放在桌上，让儿童观察并轮流操作。

2. 引导儿童从结构与功能关系的角度探讨机器各部件的工作(比如，当摇动手柄时，引起中心轴上下移动，磨盘旋转，食物会有什么变化)，演示每个部件的运动如何影响其他相邻部件的动作。

3. 让儿童用自己的身体装扮机器。每个儿童表演机器的一个部件，就像桌上的机器那样，每个部件一起最终构成一台机器。以食物研磨机为例，请出自愿的儿童，让他们每个人假装是研磨机的一个部分，儿童可以按自己装扮的机器部件那样动，然后一起动。

4. 把班级中的儿童分成5～8人小组。让儿童异想天开式地想出他们可以做的机器，以及每个儿童可以做哪些动作。儿童可以模仿教室里的一样器

械(如卷笔刀)。

5. 儿童还可以发明一个自己想象的机器(如捣碎萝卜的机器)。可以让他们先描述机器,再帮助他们思考机器需要哪些部件(比如,捣碎萝卜的部件,把捣碎的东西升上升下的部件,推动臂转的弹簧等),各个部件之间的联动关系等。看儿童还可以用什么方式运动自己的身体来装扮成某个部件。

6. 练习一段时间,让每个小组成员描述自己装扮的部分,然后小组向别的儿童说明该小组的机器如何工作。

其他活动:

1. 一个儿童一次只能构建一个机器。教师叫一个儿童的名字,这个儿童就作为一个新的"部件"加入机器里去,直到全班都加入进去为止。如果有条件,把这个活动录下来,让儿童观看。

2. 增加口头指导语或线索,比如教师说:"我把花生浆倒进这台机器"或"我正在给齿轮加点油。"要儿童告诉你,你的行动会怎样影响"机器"的运动。

3. 从"机器"上移走一个"部件",问儿童:这个"部件"还可安装到哪个"机器"上?其他剩下的部件该怎样调整?

备注:本活动改编自《各年龄阶段儿童的运动游戏》。

对音乐的反应

教师指导为主/儿童活动为主

小组/大组活动

自由舞蹈 ZIYOU WUDAO

目标:

探究不同类型的音乐怎样暗示着各种动作和舞蹈方式

核心要素:

- 对音乐的反应
- 产生动作创意
- 表现力
- 身体控制

材料:

- 录音机
- 各种音乐磁带

步骤:

1. 告诉儿童要播放一盘有各种音乐的磁带,他们可以随着音乐跳舞,按自己对每首乐曲的感受跳舞。

2. 播放音乐,让儿童在房间里自由舞蹈,问他们"这首曲子使你想怎么动?"如果他们回答说"它像进行曲",就请他们在教室中游行。

3. 增加一个活动,让儿童随音乐起舞,直到音乐停止。音乐停下时他们停下,保持刚停下时的姿势。

4. 继续随音乐而舞,提醒儿童某音乐选段一结束就不再动了。让儿童自己选定停下的乐曲。

播放节奏轻缓、使人感到安静的音乐,音量关小些,帮助儿童恢复。让他们在地板上找个地方坐下,慢慢地放平,闭上眼睛听音乐。

让儿童静听自己的呼吸声。告诉他们抬头静坐，闭眼，深呼吸。一两分钟后，让他们抬头，睁眼，举起双臂，摇动脑袋，慢慢放下双臂至体侧，再过一会儿，他们可以回到自己的座位上。

注意事项：

1. 这是一个很适合下雨天的室内活动，也适用于儿童无法安静地坐下时。

2. 让儿童带些他们喜欢的音乐磁带到学校。

3. 自由舞蹈为儿童提供了展示各种关键的运动能力的机会。如果有条件，把这个活动录像，记下这样一些内容：

● 节奏——儿童随音乐的变换调整自己的节奏，整首曲子都跟上节奏。

● 利用空间——儿童在整个房间或活动空间里做上、下以及各个方向的运动。

● 表现力——儿童有很多表情，并会随音乐的改变而改变。

● 产生动作创意——在不同的歌曲中儿童向别人表演或建议各种运动、动作。

带回家的活动

伸展运动　SHENZHAN YUNDONG

目标:

- 了解部分肌肉的功能
- 了解肌肉的放松和紧张

注意事项:

本体感觉是运动和创新运动的重要组成部分。设计这个活动是为了让儿童感受自己身体的肌肉运动。也可以帮助你了解他们怎么说出自己伸展的是哪部分肌肉,了解他们能否不动其他肌肉而伸展或放松某部分肌肉。

步骤:

1. 让儿童躺在地板上伸开四肢,就像早上醒来的样子,然后让儿童伸展或拉长,每次拉一组肌肉群(颈、肩、手臂、手指、胸、腹、腿、脚、脚趾),体验有什么感受。

2. 接着,让儿童拉紧肌肉,每次拉紧一部分肌肉,保持这种状态,直到全身都紧张起来。一段时间以后,每次放松一部分肌肉群,直到肌肉全都放松。

3. 让儿童动一部分肌肉而不动其他肌肉。比如,只动产生踩的动作的肌肉,而不动脚趾的肌肉;只动小指而不动中指。

分享:

鼓励儿童向教师和同学展现这些动作。

带回家的活动

慢动作 MANDONGZUO

目标：

设计并进行一系列运动

注意事项：

此活动着重培养身体控制和运动记忆。你可以观察儿童的记忆及模仿运动的能力。设计一系列运动，然后进行活动。

步骤：

1. 让儿童闭上双眼，想象长跑的情境。让他们想象某个人跑步的慢动作：他（她）的腿、胳膊、脸、手指是什么样子。

2. 让儿童睁开眼睛假装用慢动作跑步。

3. 然后，让儿童假装成投掷手、自行车手、钢琴演奏者、汽车司机或其他在工作中要运用身体动作的人。让儿童注意身体的每个部分，使自己的动作看起来逼真。

分享：

在学校，儿童可以用慢动作表演运动或其他活动，然后让教师或同伴猜自己在做什么。

带回家的活动

狂 舞 KUANGWU

目标：

根据收音机中的音乐编舞，或根据电视、录像做动作

材料：

舞曲磁带或音乐录像带

注意事项：

跳舞可以让儿童表达自己的感受，提高他们的多种运动技能。在儿童舞蹈时，家长应注意观察他们的节奏感、运用动作进行情感和思想交流的能力、空间感以及对音乐的反应能力。

步骤：

1. 如果有舞曲磁带，让儿童选一首歌曲反复观看并倾听。随后，让儿童编一段与录像上的舞蹈相似的舞。或者，你可以用磁带或 CD 音乐，让儿童自己创编舞蹈。

2. 帮助儿童编一段与音乐相配的舞蹈。让儿童思考：配合音乐的舞蹈应该快还是慢？是快乐还是悲伤？有力还是轻柔？

3. 为了帮助儿童专注于自己的舞蹈，可以把电视机屏幕调暗，只听音乐。或者关掉电视伴音，让儿童为舞蹈配上新的音乐。

4. 鼓励儿童为舞蹈起一个名字，以向观众表示这些音乐和动作的意义。

5. 如果儿童一个人不好意思跳，你可以和他（她）一起跳，或者让哥哥姐姐与他（她）一起跳。

分享：

表演需要观众，让儿童表演给你以及家里的其他成员看，或者表演给小伙伴和教师看。

资源和参考资料

Belknap，M. (1980). *Taming your dragons*：*A collection of creative and relaxation activities for home and school*. Buffalo，NY：DOK.

Benzwie，T. (1980). *A moving experience*：*Dance for lovers of children and the child within*. Tucson，AZ：Zephyr Press.

Boal，A. (1992). *Games for actors and non-actors*. New York：Routledge.

Carr，R. (1980). *See and be*：*Yoga and creative movement for children*. Englewood Cliffs，NJ：Prentice Hall.

Cole，J. (1989). *Anna banana*，101 *jump rope rhymes*. New York：Scholastic.

Fluegelman，A. (1981). *New games book*. New York：Doubleday.

Fraser，D. L. (1991). *Playdancing*：*Discovering and developing creativity in young children*. Princeton，NJ：Princeton Books.

Gilbert，A. (1977). *Teaching the three Rs through movement experience*. New York：Macmillan.

Gregson，B. (1982). *The incredible indoor games book*. Belmont，CA：Fearon Teacher Aids.

＊Hendricks，G. & Hendricks，K. (1983). *The moving center*：*Exploring movement activities for the classroom*. Englewood Cliffs，NJ：Prentice Hall.

Jenkins，E. (1989). *Adventures in rhythm*. 〔audiocasette〕. Washington，DC：Smithsonian/Folkways；Cambridge，MA：Rounder Records.

Jones，B. & Hawes，B. L. (1972). *Step it down*：*Games，plays，songs and stories from the Afro-American heritage*. Athens：University of Georgia Press.

Joyce，M. (1973). *First steps in teaching creative dance*. Palo Alto，CA：National Press.

Lowden，M. (1989). *Dancing to learn*：*Dance as a strategy in the primary school curriculum*. London：Falmer Press.

＊Michaelis，B. & Michaelis，D. (1977). *Learning through non-competitive activities and play*. Palo Alto，CA：Learning Handbooks.

Nelson，E. (1989). *Dance sing and listen*. 〔audiocasette〕. Available from Dimension 5，Box 403-Kingsbridge Station，Bronx，NY 10463.

Nelson, E. (1987). *Everybody sing and dance*! Available from Dimension 5, Box 403 Kingsbridge Station, Bronx, NY 10463.

* Nelson, E. (1979). *Movement games for children of all ages*. New York: Sterling.

Orlick, T. (1982). *The second cooperative sports and games book*. New York: Pantheon Books.

* Pangrazi, R. & Dauer, V. (1981). *Movement in early childhood and primary education*. Minneapolis, MN: Burgess.

Sullivan, M. (1982). *Feeling strong, feeling free: Movement exploration for young children*. Washington, DC: National Association for the Education of Young Children.

Yolen, J. (ed.). (1992). *Street rhymes around the world*. Honesdale, PA: Wordsong/ Boyds Mill Press.

数学活动 SHUXUE HUODONG

注：本部分作者为 Winnifred O'Toole、陈杰琦和 Miriam Raider-Roth。

数学活动概述 SHUXUE HUODONG GAISHU

这部分活动旨在帮助儿童发展数理—逻辑知识，学习通过动手、动脑的活动进行思考。我们设计的活动将抽象概念与实物及熟悉的情景相联系，以拓展小学低年级的基础课程，进而提高学生的数学技能。通过合作游戏和个人竞赛活动使儿童认识到数学既有用又有趣，是解答诸多问题的方法之一。

本部分介绍了两个拼板游戏：恐龙游戏和汽车游戏。它们由多彩光谱项目的工作人员设计，是用来评估和促进特定的数学技能的活动。另外，还将介绍几种把熟悉的游戏（如卡片游戏"两人或三人对抗"）改编成儿童练习数数、进行加法估算、认识图表等数学技能游戏的方法（如卡片游戏、战争、手球等）。这些活动可作为范例，帮助教师采用其他一些熟知的数字和策略游戏。

这部分的游戏和其他同类活动一样，鼓励儿童思考物体的数、量并进行比较，形成解决问题、与他人合作及交换思想的策略。这些活动遵循三个原则：

- 帮助儿童探讨数字的各个方面以及数字之间的各种关系。
- 让儿童操作，并对操作做出反应，从而发展理解力。
- 鼓励儿童在广阔的情境中主动思考，自主活动。

本部分根据数理—逻辑智能的三个关键能力分为三个部分：数字推理、空间推理和解决逻辑问题。每一部分都有比较简单的典型数学经验，也涉及相对复杂的数学关系，还有目标导向和过程导向的各种活动。因为在别的章节里解决逻辑问题的活动已有很多，所以这里只介绍几个。

在引入数学活动时，教师可以先描述一些儿童会接触到的材料，如拼图、运动器具、木块和测量仪器等。也可以谈谈他们喜欢的活动——像做饭、买蜡烛、在运动场记分等与数字有关的活动。鼓励儿童提出一些自己思考的数学问题，比如：数学对我们有什么意义？在家里、户外、学校怎样运用它？人们在什么时候需要数学？数学的作用是什么？

教师可在教室设立数学活动角，让儿童明白他们在这个活动区将接触到数字、形状、大小、轻重、高矮、时间以及钱币等。他们也可以在那里玩游戏，自创游戏，灵活使用一些数学工具如天平、卷尺、时钟、尺子、各种尺寸的立方块来解决问题。如果方便，把这些工具给他们看看，告诉他们儿童和成人使用这些工具的各种方法。

关键能力 GUANJIAN NENGLI

数字推理

- 熟练地计算

- 会估算

- 熟练运用数量表示物体及信息（通过记录，创造有效的符号，做图表等）

- 能明确数与数的关系（如概率、比率）

空间推理

- 发现空间模式

- 熟练地拼图

- 用想象使问题具体化、概念化

解决逻辑问题

- 不囿于单个事实，能关注事实间的关系及条理

- 进行逻辑推理

- 总结规律

- 产生并运用策略（如玩规则游戏时）

活动材料说明 HUODONG CAILIAO SHUOMING

多彩光谱项目的恐龙游戏所需器材

这个游戏要用一个泡沫板（我们用的是 27×31 英寸的），几个小塑料恐龙，两个数字骰子，一个表示走向的骰子（见说明）。用构图纸剪出一只大恐龙以及石头和树的背景，然后把它们粘在泡沫板上，这就是棋板。用记号笔从恐龙的口开始，沿着其脊背，一直到尾尖，画一条包含 35 个空格的路径，并标上相应的数字。在第 15 格处标上"开始"，可以把最后一格涂上颜色，也可以用"最后"一词作为标记。数字骰子可以买现成的，也可以用 1/2 立方英寸的立方块做成。"走向骰子"是在一个小立方块的三个面上画"＋"号，另三个面上画"－"号做成的。

多彩光谱项目的汽车游戏所需器材

这个游戏需要一辆玩具汽车，一块游戏板，汽车停靠站，汽车终点站，乘客和做记录的材料。游戏板用一块 20×33 英寸的大长方泡沫做成。汽车从纸板的一角围绕着周边开向另一角。在板上粘一些彩色胶纸做成"街道"，还可以加上树木和其他你认为合适的场景。

可以放 5 个汽车站，3～5 英寸高。多彩光谱项目所采用的四站是：羽毛站、钥匙站、牙刷站、松果站。把这些材料用黏土粘上或用硬化的树脂粘在大的塑料盖上。在最后一个车站后面设一个终点站。可以用小的纸盒做这个终点站，用涂上土色或彩色的胶纸做一扇门和一扇窗，然后标上汽车站的字样。

用小的鞋盒或其他纸盒（约 7×9×5 英寸大小）粘上泡沫做汽车。以小孩的眼光来为车窗涂颜色，假装乘客们在车里，不做挖空的车窗。在车子的前面部分挖一个门，可以开关，方便乘客上下车。在车的后部开一道像安全门那样的活动门，供汽车到达每一站点时乘客下车用。

用牢固的纸板做几个乘客：10 个 5 英寸高的成人，6 个 2～3 英寸高的

小孩，把它们粘在小木块或小纸架上。因为玩的时候要记录上下车的成人和
小孩的数量，所以做的成人和小孩的大小应有明显的差异。

数字推理

估算游戏 GUSUAN YOUXI

目标：

玩游戏，练习估算技巧

核心要素：

- 数数和估算
- 预测并检验预测
- 空间推理

材料：

- 量杯、大碗或大的罐子、各种容器（如纸杯或小的盒子）
- 坚果、豆子、大米
- 水

步骤：

1. 让儿童猜测一下一个碗可以盛多少杯水，写下自己的猜测。

2. 用量杯舀水，把碗装满，同时让儿童数你所舀的杯数。让他们对比一下他们的估计和实际所数的相近程度。

3. 给儿童各种容器和填塞物（坚果、豆子、米等），让他们自己设计实验检验估计的正确性。先估算一个容器所能盛某种物品的杯数，然后用量杯倒入这种物品加以检验。

其他活动：

给儿童一些坚果和三四个大小不同的纸杯。让儿童回答以下问题（先进行估计，后用量杯检验）：

- 最小的纸杯可以装多少坚果？
- 中等大的纸杯可以装多少坚果？
- 有没有刚好装 15 个坚果的纸杯？

数字推理

儿 童 活 动 为 主

小 组 活 动

称重和测量 CHENGZHONG HE CELIANG

目标：

进行各种动手操作的活动，了解标准和非标准测量工具

核心要素：

- 对比和对照
- 在尝试错误中学习
- 逻辑推理

材料：

- 尺、牙签、剪刀、铅笔、彩色纸
- 面团、木块、大的混合杯、小口袋、木碗、小的纸杯、线
- 金属挂钩、瓶子

步骤：

1. 测量长度：给儿童一把尺子、牙签、一串回形针以及铅笔做工具，让他们测一下粉笔盒、书的大小，桌子、门或教室墙的长短等。鼓励他们用不同的工具测量，如用他们的手和脚等。让儿童把测得的数据填入以下的记录表并回答问题，然后互相对比结果。与儿童谈论标准测量工具和非标准测量工具。如谈谈非标准测量工具比较方便，但不太准确——比如人的手和脚。如果用它们来测量，儿童和教师测量的结果会一样吗？

2. 测量面积：发给每个儿童一套从各种颜色纸上剪下来的形状，让他们通过目测将这些形状由小到大排序。然后，让他们用一种方法测量每个形状的面积。在这之后，给他们建议，可剪裁这些形状，把他们改变成易于比较的新形状（比如，把一个三角形改变成长方形，再看看要把最小的长方形

放进去，需要放多少个）。让他们将这些形状重新按大小排序，并把这次的结果和先前的估算做对比。

3. 称重：给儿童三四块面团，让他们说出哪一块最重，哪一块最轻。另一个练习是：给他们一块木块、一个小袋子和一些塑料泡沫，让他们用塑料泡沫装满口袋，直到与木块等重。鼓励儿童尝试各种方法测物体的重量，如用手掂、自己做秤去称等。比如，可以用纸杯做成秤盘，用挂钩或木钉把这个纸秤盘悬挂起来（为使纸杯保持平衡，在每个杯子上绳子须系3~5处）。还可以用铅笔杆支起一根尺子做一个像跷跷板那样的秤。

4. 测容积：给儿童三四个不同形状和大小的瓶子，盛满水，问他们哪个容器盛的水最多。鼓励他们思考重量和容积之间的差异（如果一个瓶子的水换成米，瓶子的容积是否变了，重量如何等），为什么一个大的碗或大的瓶子比一杆秤或一把尺子更适合于量体积？

称重和测量的记录表

	粉笔盒	书	米	门	墙	其他
尺(有多长?)						
牙签(有多少?)						
纸屑(有多少?)						
铅笔(有多少?)						
脚(有多少?)						
其他						

问题：

哪一种工具测量哪种物体最方便？为什么？

哪一种工具测量哪种物体最不方便？为什么？

数字推理

教师指导为主

大组活动

日　历 RILI

目标：

　　了解天数、周数、月数间的关系，探讨（用数字显示）日历上数字的排列方式

核心要素：

- 了解日历
- 图形再认
- 了解加法和减法

材料：

- 记号笔和蜡笔
- 海报板（约 16×20 英寸）
- 卷尺或直尺（码尺）
- 干净的粘贴纸
- 手工纸

步骤：

　　1. 用海报纸板画出横 7 英寸、竖 5 英寸的日历格子。告诉儿童他们将帮助教师做一个日历，用来记录重要的事件。谈谈格子的数量，让儿童说说为什么横排要有 7 个格子，在表的横头应该写上哪些天等。

　　2. 在格子上贴上数字和图画，可用粘贴纸贴，这样以后不必更换日历板。让一组自愿的儿童从手工纸上剪下 1～31 的数字。

　　3. 在每月的第一天，儿童可以撕下粘贴的数字重新安排新的一个月，他们也可以从手工纸上剪下图案来标记特殊的事件，如节日、生日、野营时

间等，还可以用日历记录天气或一周内的大事（如星期二的音乐课、星期五的体操活动）。

4. 和儿童一起练习使用日历。这里提供一些问题用于探讨数字排列的类型，以方便编制日历。请尽可能按自己的方式进行。

- 纵向看一栏日期，这些天有什么相同（它们都是一月中的"星期几"）？
- 一个月有多少天？一个月有几周？
- 周三到周五之间有几天？
- 如果 10 号是周三，周五是几号？

以下的问题更具挑战性：

- 把星期二的日期以及星期三、星期五的日期分别各列在一张表上，看看这些数字有什么规律（前一个星期二的日期数字加七就是下一个星期二的日期）？
- 为什么会那样（因为一周有七天）？
- 日历上的数字还有哪些规律？

其他活动：

1. 发给每个儿童一个小的日历格子（如下），探讨日历中的数字关系（你可以让儿童填入数字）。让儿童找到数字 2 的格子，涂成红色。然后再加 2，把所获得的新数字 4 涂上红色，如此直到一个月结束。然后从数字 3 开始，按同样的方式进行，只是把从 3 开始和依次比前一个数字大 3 的数字都涂上蓝色（有些格子可能填的是两种颜色）。看看能否看出什么关系（即 2 的倍数也可能是 3 的倍数）。

1	2 （红）	3 （蓝）	4 （红）	5	6 （红、蓝）	7
8 （红）	9 （蓝）	10 （红）	11	12	13	14 （红）
15 （蓝）	16	17	18 （红、蓝）	19	20	21 （蓝）
22 （红）	23	24 （红、蓝）	25	26 （红）	27 （蓝）	28 （红）

2. 给儿童一张横 10 竖 10 构成 100 个格子的表格。问他们如果给每个偶数涂上红色会是什么样？用另外一种颜色涂在 3 的倍数上，又是什么样子？教师还可以为班级做一张 100 个格子的大表，让儿童以 2、5、10 等数字为基础来分别给其倍数的数字涂色，看看从表上可以看到什么。也可以把这张表格作为日历，庆祝儿童上学 100 天。

3. 鼓励儿童创造自己的表格，填写表格中的内容。有的儿童喜欢做没有数字的表格。有的喜欢把数字相加后看一张表格能够填的最大数值。

数字推理

纸牌对抗游戏 ZHIPAI DUIKANG YOUXI

目标:

玩卡片游戏,练习比较数字和加法

核心要素:

- 识别数字
- 比较数字
- 加法

材料:

一副纸牌

步骤:

1. 演示如何用纸牌玩对抗游戏。把所有有头像的牌去掉,然后把剩下的牌分为相等的两堆。把牌面朝下,每人发一摞。

2. 玩牌的人轮流把手里的牌从上面的一张翻出,进行比较,谁的数字大谁就"吃"掉对方的牌,把这两张牌收回放在自己一摞牌的最下面。如果翻出的牌是等大的,就再各出一张,后张牌上数值大的一方为胜者,可以"吃"掉四张牌。这个游戏玩到一方把手里所有的牌都输掉为止。

3. 尝试"双牌对抗"。与单对抗相似,只不过玩的人一次翻出两张牌,比较两张牌的数字之和的大小,手里两张牌之和大者"吃"掉这四张牌。当两人手里的牌相加的数值相等时,再各翻出第三张牌,数字大的收掉六张牌。如果儿童加法有困难,教师可以让他们用木棒来帮着进行,然后在卡片上把数字加起来。

其他活动：

让三四个儿童一起玩对抗游戏，这样他们可以比较牌上更多的点数。

注意事项：

鼓励儿童玩别的对抗游戏，单独玩也可以，以促进儿童对数字的辨认、认识数字的规律、加法及其他数学技巧。

数字推理

五点游戏 WUDIAN YOUXI

目标：

玩纸牌游戏，练习加法技巧

核心要素：

- 加法
- 一套（副）的概念

材料：

- 两套卡片或两副牌
- 盘子

步骤：

1. 拿两副牌，让儿童从中找出数值是1～5的32张牌。把这些牌平均地分给2（或3，或4）个参加玩的人。牌面朝下，分摞放置。多出的牌翻开放在盘子里，保证盘子里至少有一张牌（比如，如果两个儿童玩，最后的两张牌应该放到盘子里而不发给玩的人）。

2. 游戏开始时，每个玩牌的人将一张牌翻开，然后翻开另一张。如果两张牌加起来是5，把这两张牌拿开。如果两张牌加起来不是5，把一张牌扔到盘子里，换盘中可以与手里的那张相加等于5的另一张牌。如果没有牌能加到5，打牌的得等到他（她）的下一轮机会。那时，再翻两张牌（因而有5张牌翻出来），可以有更多的组合为5的机会。游戏到所有的牌都用完为止。

3. 玩的人对比结果，并尽可能记录加起来为5的各种组合。

注意事项：

1. 为了使游戏更具挑战性，可用更多的牌，鼓励儿童用2张以上的牌相加得到 5。

2. 类似于两人对抗游戏和五点游戏的活动都能促使儿童主动、自主地学习。在进行这样的游戏时，儿童为了取胜，不得不自己算加法，并检验、比较结果。从同伴和教师那里得到及时的反馈比只得到单一的正确答案常常更有效。比如，一个儿童说 5 加 2 等于 5，你不立即纠正他（她），而问他（她）是怎么得到 5 的，这时儿童会试着对自己的推理进行解释，如不对，他（她）很可能自己做出修正。

数字推理

掷骰子 ZHI TOUZI

目标：

玩游戏了解概率和统计曲线图

核心要素：

- 绘制图表
- 运用策略

材料：

- 骰子
- 记录纸和图表纸、铅笔

步骤：

1. 给每个儿童一个骰子、一支铅笔和记录表（如下所示），问他们以下的问题：一个骰子有多少个面？一个骰子上有多少个数字？是不是每个数字出现的机会都是一样的？是否有一个数字出现的次数较多？做试验看看骰子上每个数字出现的机会有多大？

2. 叫一个儿童旋转骰子，其他儿童在记录纸上记下同一个数字出现的次数。

3. 让儿童单独进行。让他们不断地扔骰子，记下顶面的那个数字直到记录纸上的这一栏填满。和他们一起讨论结果，说说掷骰子时顶上的数字是否很不相同，或几乎完全是一样的。让每个儿童说出他（她）掷骰子时掷到的最多的数字是哪一个。帮助儿童对比结果并让他们意识到所有数字几乎都有相同的出现机会。

4. 教师发给儿童一张有 12 个竖格的记录表，让儿童每次掷两下，记录两数字之和并对比结果，这样可以使活动更具挑战性。

5. 接着，让儿童玩一个需要运用策略的游戏。让他们在一张表格上画出两道竖栏，然后滚动一个骰子，在纸上任意一栏记下这个数字。再投，把这次得到的数字记到另一栏中。如果左栏数字小于右边的一栏数字，儿童得分。让他们想办法得分。比如，他们先掷到了5、5或6，则把这些（较大的）数字填在右边栏中，这样容易得分。

掷骰子记录表

1	2	3	4	5	6

数字推理

恐龙游戏 KONGLONG YOUXI

目标：

玩游戏了解数字概念，学习计算技能和策略

核心要素：

- 计算技能

- 遵守规则

- 处理两个变量的能力

- 加法和减法

材料：

七色光恐龙游戏

步骤：

1. 在小组活动时进行。教师先说明游戏规则和目的，用材料示范玩法。

游戏时一只小恐龙在一只想吃掉它的大恐龙的背上跳，目标是把塑料小恐龙从靠近大恐龙的嘴部移动到大恐龙的尾部。这个游戏由 2~3 个儿童一起玩，从图中所示的"开始"（START）处开始（标的数字是 15）。儿童掷骰子，让游戏中的小恐龙根据骰子上得到的数字一步步地走。

2. 安排时间做示范，说明怎样使用骰子。一共有 3 个骰子。先用两个一般的骰子，每个的 6 个面分别标有 1 到 6 点（表示数字）。游戏者掷骰子，然后把所得到的点数加起来，即是小恐龙应该走的步数，教师可以问儿童"如果我掷出了这些数字，我可以让小恐龙走多少步？记住我们的目的是尽量让小恐龙从大恐龙的饿口下逃走，也就是要从大恐龙的嘴边跑向尾部"。第三个骰子的 6 个面上标的是"＋""－"号，由此来决定小恐龙是前进还是后退。教师可以问儿童："你们认为'＋'表示前进，还是'－'表示前进？如果我掷的第三个骰子得到的是'＋'，我应该怎么移动？"让儿童练习掷骰子，直到他们明白前进意味着向大恐龙尾部的方向走。

3.其他规则：如果游戏者只能倒退并走到大恐龙口中，那么他（她）只能待在那里，直到他（她）扔到有"＋"的符号表明他（她）可以前进为止。最先把小恐龙走到大恐龙尾部的儿童获胜。

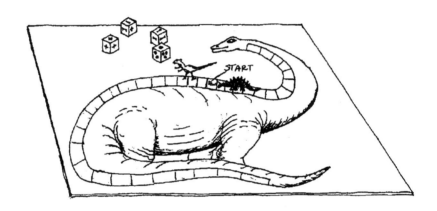

其他活动：

1.再加一个一般的骰子，让儿童进行 3 个数字的加减，得出所走的步数。

2.改变一下规则，加减号意味着两个数字的加或减而不是代表前进、后退。从大恐龙的嘴部开始，然后向前，直到走到它的尾部为止。在这样做之前，帮助儿童练习扔 3 个骰子。让他们大声说出自己判断得出的数字。比如，扔到 2、5、＋或 1、6、－，应该怎么走？告诉他们小的数不能减大的数，因此他们可以这样写算式 6－1＝5。问他们如果扔到－、5、5，那么5－5 是多少？应该走几步？

3.在游戏板上写出每个格子的数字，让儿童用加、减来判断他们应该在游戏板上怎么移动，而不是每次数格子数。比如，一个儿童在数字 5 的格子上，他扔得＋、3、5，那么应该计算出这个儿童该移到数字为 13 的格子上。

4. 鼓励儿童以小组为单位自制游戏板，讨论校外的数字游戏，并互相说明规则。然后，给他们各种材料——旋转指针、骰子、游戏卡片、大的硬纸板或海报纸板、有粘胶的标签、尺子、游戏棋子、小人、玩具车、记号笔——鼓励他们自己设计游戏。要提醒儿童注意游戏中一定包括一个数字产生件（如旋转指针、骰子、卡片）。准备好之后，以小组为单位互相介绍各自的规则并开始玩游戏。

教师可能指定一些在游戏中使用的数字概念（但不可妨碍儿童的游戏），比如，加和减，游戏棋子行进的方向（前进、后退）等。还可为游戏指定一个主题（如动物、污染等），使游戏主题与其他课程或儿童的其他兴趣相联系。

注意事项：

1. 让儿童先玩恐龙游戏，看看哪些儿童记住了游戏规则，谁还需要再听。如果有儿童理解了规则和游戏中的逻辑关系，鼓励他们互相解释。

2. 如果有的儿童对数字理解有困难，要与他们一对一地进行游戏，以了解游戏中哪些是他们已经明白的，而哪些他们还没明白。

空间推理

教师指导为主
大组活动

饼 图 <small>BINGTU</small>

目标：

表明怎样运用图表记录、组织信息

核心要素：

- 种类合并和分类
- 类别比较

材料：

- 粉笔
- 线、剪刀

步骤：

1. 让儿童根据各自眼睛的颜色或其他标准（如按照男女性别或兄弟姐妹等）分成几个小组。

2. 如果在户外，用粉笔在地上画一个大圈；如果在室内，则用绳子，让儿童手拉手地站在圆圈上，一组接一组地站着。

3. 在圆的中心做一个＊，让儿童把＊和圆周上各小组之间的分界点连成一条线。

4. 告诉儿童他们将创制一个大而形象的饼图，看看哪一组占据饼图的最大份额，而哪一组占的最小。尝试将儿童的其他一些特征用形象的饼图来表示，如年龄、兄弟姐妹的人数、性别、头发颜色等。

其他活动：

1. 用积木做一个立体的饼状图。再次把儿童按某种标准分成几个组，这次他们可以用每块积木代表一个人，把积木条放在一起代表一个组。

2. 尽量想出表示同一信息的各种图表。给他们看饼状图和图表（如下所示），让儿童说出一些可用图表来表征的其他信息（如最喜欢的食品，最喜欢的电视节目和宠物等），鼓励他们用图表记录科学实验的结果和其他调查结果。

你的生日在哪一月？

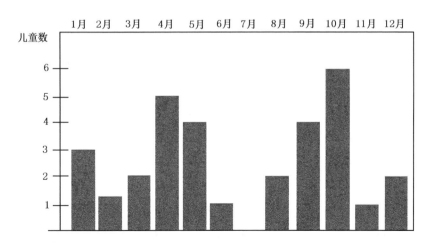

空间推理

教师指导为主
大组活动

面积和体积 MIANJI HE TIJI

目标：

做一个将面积与体积相联系的实验

核心要素：

- 解决问题的能力
- 比较、对照
- 得出结论

材料：

- 黑板或图表纸、粉笔或记号笔
- 硬的构图纸、剪刀、胶带
- 米、豆

步骤：

1. 通过提问引入活动。问儿童：知不知道面积（二维的测量值，即几根线间的面的大小）和体积（三维量，即某个物体占据空间的多少）？在图表纸或黑板上记下儿童的回答。

2. 让儿童完成以下实验：将一张纸（约 9×12 英寸大小）对剪为两张（让儿童知道两张纸是同样大小）。把两张剪下的纸卷成筒，一张以长边卷成长筒状，底边的圆形较小，另一张以短边卷成短筒状，底边圆形较大。并在接头处粘牢。

3. 问儿童两个筒是否可以装相同数量的米（豆、爆米花亦可）。如果所装的东西数量不相等，哪一个装得多些（哪一个体积大些）？让他们装装看。

222

其他活动：

　　1. 如果班里有小地毯，让儿童估计它的长、宽及占多大的地方（面积），并测量。然后在学校里找找其他能放得下这块地毯的地方，测量一下证实自己的看法。或者让他们在教室里看看，哪里能放置一些大件家具如桌子、书柜。

　　2. 做更多与体积有关的活动，收集不同尺寸的盒子，然后看哪个盒子装下的书最多或哪个盒子装下的铅笔最多。

备注：本活动引自 M. Burns 1975 年所著的《我恨数学！》。

空间推理

儿童活动为主

小组活动

仿搭积木 FANGDA JIMU

目标：

一个儿童搭积木，并对此加以说明以指导另一个儿童搭出同样的造型

核心要素：

- 空间推理
- 解决问题
- 运用视觉想象

材料：

- 木块（两种颜色，大小不一）
- 分隔板

步骤：

1. 两个儿童每人拿着相同数量和类型的木块，保证两堆木块相同。放一个分隔屏，使他们互相看不见对方的木块。

2. 其中一个儿童用自己的木块搭房子或排列，然后将搭成的形状告诉同伴，让同伴根据听到的口头说明再搭一个同样的形状（比如，把小红木块放在大的蓝色木块上面），后一个儿童尽可能搭出完全相同的形状，但不能偷看。

其他活动：

1. 如果 3 个儿童玩游戏，可以一个搭原型，一个加以说明，第三个再根据第二个儿童的说明来搭。

2. 用两块有相同格子的游戏板练习图表记录。一个儿童把木块堆放在格子上，并用坐标形式告诉同伴自己所放置的格子。比如，蓝色木块放在 A1 格子中，红木块放在 B2 格子中，让同伴能根据他（她）的说明做出相同的放法。

空间推理

儿童活动为主

小组活动

复制图板　FUZHI TUBAN

目标：

一个儿童给予指导和说明，让另一个儿童按其说明复制图板

核心要素：

- 用坐标绘图的技能
- 使用策略
- 空间推理

材料：

- 图板
- 橡皮筋

步骤：

1. 在图板上钉上一排大头针，沿顶边的标记为字母 A～E，沿侧边的标记为数字 1～5。指定两个儿童到各自的图板前，让一个儿童用橡皮筋创造出一种很简单的设计，拿着自己的图板不让另一个儿童看见，并用坐标告诉另一个儿童怎样在图板上制作一个同样的图形。比如，第一个儿童说"将橡皮筋从 B2 拉到 D2"。

2. 第二个儿童尽可能猜测第一个儿童的指令。完成后，让他们将彼此的结果对比一下。结果往往非常有趣。

3. 交换进行，第二个游戏者做设计，然后向第一个游戏者说明。

注意事项：

教师可以在小组活动时说明这个游戏的玩法，对怎样在格子上定坐标名等给予指导。一旦儿童理解了整个过程后，他们就可以独自游戏。

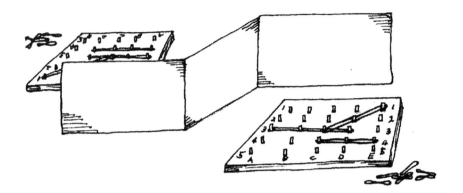

空间推理

寻宝游戏 XUNBAO YOUXI

目标:

- 用绘图技能解决问题
- 为一张图写上图例

核心要素:

- 运用策略
- 创造有效的标记
- 进行记录

材料:

- 寻宝图(如下所示)
- 记号笔或蜡笔

步骤:

1. 向儿童说明这个游戏由两人进行,每人须在宝物图的格子上"藏"5件宝物,同时也要猜猜对方把宝物藏在何处。给儿童一些有空格的图表即"藏宝图",让他们练习用坐标确定宝物的位置(如 C2、E5)。

2. 让儿童想出5种宝物并且秘密地创造一种自己的标记,画一个简单的符号来表示每一种宝物。比如,画一个圈表示金币,画宝石表示宝石戒指,画三角形表示小熊,画方形表示一件礼物等。双方应相互告诉各自选的宝物的名称,如果有相同的,其中一方得重新选出一样宝物来替换。

3. 儿童在图表上藏好5件宝物,不让对方看见,并在 C4、E5 等处做藏宝记号。

4. 接着轮流猜对方的宝物藏在何处。儿童把自己猜的结果用他们认为合适的记号记在自己的图上，这样他（她）的图表上就有了两套记录：他们要寻找对方的宝物和自己藏的宝物的坐标。他们记得越好，找到对方宝物的可能性就越大（必要时，帮助他们找到一种方法记录他们的猜想，鼓励他们尝试不同的方法）。

5. 如果某个儿童找到了一个宝物，就继续再找下一个宝物，当两个儿童都把全部宝物找到时游戏结束。

宝物图

	A	B	C	D	E	F
1						
2						
3						
4						
5						

标记：

1. =	2. =	3. =	4. =

空间推理

儿童活动为主

大组活动

做纸被 ZUO ZHIBEI

目标：

- 探讨对称的概念
- 创造几何图形

核心要素：

- 空间推理
- 运用视觉想象

材料：

- 各式各样的彩色纸，剪成边长为 3 英寸的正方形、边长为 3 英寸的正三角形、1.5 英寸×3 英寸的矩形
- 每个儿童一张 9 英寸×9 英寸的白纸

步骤：

1. 向儿童说明他们将用正方形、矩形和三角形等做成一条纸被。给每个儿童一张白纸作为衬底。纸上画格子，将纸分为 9 个小正方形（每边有 3 个）。给儿童各式各样鲜艳的正方形、矩形和三角形。

2. 让儿童尝试将不同形状和颜色的纸片贴在纸格子上。说明格子可以帮助他们把小纸片排列整齐，并能帮助他们探讨纸片的几何关系（如两个正三角形可放在一个正方形格里）。可能有的儿童不会将纸片粘在格子上，需要教师的个别指导。

3. 接下来，让儿童创造出一种至少有一个对称轴的图案。即这条轴线两边的图形是相同的（如果以前儿童从没听到过对称一词，在此活动前，教师可先与他们谈谈）。当制造出某个对称图形时，可让儿童贴在纸上。

4. 让每个儿童再贴制至少三条方形被，并让他们在地上或桌上展出自己的 4 个作品。提醒儿童要把每个正方形的边对齐。他们可以在自己喜欢的位置上贴纸片。

5. 让每个儿童把自己做好的"纸被"贴在一张海报板或牛皮纸上，在教室里展出。

解决逻辑问题

牙签游戏 YAQIAN YOUXI

目标：

游戏中学习数字关系和运用策略

核心要素：

- 了解关系
- 试误学习
- 运用策略

材料：

牙签

步骤：

1. 给每个儿童 16 根牙签，看他们可以用多少种不同的方法将它们排成 5 排（比如，每排放 5 根；两排 2 根，另两排 6 根；两排 3 根，另两排 5 根），让儿童记下不同的排法。

2. 玩游戏：儿童两人对面而坐，中间放 16 根牙签，排成 5 排。儿童轮流取走自己所想的牙签数，但每次只能从一排中抽取。轮到自己取时，要考虑怎样迫使对方来取最后一根牙签。

3. 一旦儿童会玩后，问他们一些问题看他们运用什么策略。比如，有没有简单明确的办法避免拿"最后一根牙签"？这与你在一排中留下的牙签数有没有关系？与先开始还是后开始有没有关系？

其他活动：

1. 把 15 根牙签摆成金字塔形，顶部一根，第二排两根，如此下去第五排放 5 根。和前一个游戏一样，游戏者每次取牙签的根数不限，但每次只能从一排中抽取。不取最后一根牙签的一方为胜。

2. 放 12 根或更多的牙签，任儿童排成多少排。让他们轮流取出牙签，但每次只能拿 1～2 根。谁得到最后一根牙签谁就跳两下。让儿童思考玩这个游戏的策略。这个游戏是不是比前面的游戏更难些？

3. 制作一个横向有 8 个方块格、纵向有 5 个方块格的图表。2 人或 2 人以上的游戏者轮流将记号物放入 1～2 个方块格中，这两个方块格不可以是对角排列，只能是上下、左右相邻的。游戏者要避免放进最后一个方块格。

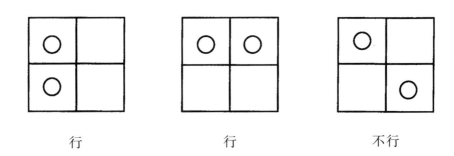

行   行   不行

解决逻辑问题

面包店 MIANBAODIAN

目标:

了解硬币的面值,找出将硬币凑成1元的各种方法

核心要素:

- 计划并做决定
- 加减法

材料:

- 钱(真的或玩具):1美元和25美分、5美分、10美分的硬币数个
- 假的面包圈、蛋糕、杯形糕饼
- 假的收银机
- 记录纸(见下)

步骤:

1. 假装开一个面包店,和儿童一起决定食品的价格。比如,杯形糕饼15美分,炸面包圈10美分,蛋糕5美分。

2. 每次5个儿童玩。1个假扮店主,3个假扮顾客。每个顾客拿1美元开始,目的是成为第一个刚好用掉1美元(不多不少正好)的顾客,但每个顾客每次最多可以花掉20美分。

3. 当顾客递上购物单后,店主给他们所要买的食品并找出相应的零钱。所有参加游戏的人要注意店主计算是否正确。每次顾客都应该用下面的表记下拿出了多少去支付,花掉了多少,剩下了多少。

面包店记账本

姓名：＿＿＿＿＿＿ 日期：＿＿＿＿＿＿

我买了：	我原有：	我花掉了：	我还剩：

解决逻辑问题

汽车游戏 QICHE YOUXI

目标：

玩游戏，使用数字并做记录

核心要素：

- 数数的技巧

- 记录并发明记录方法

- 加减法

- 处理两个、多个变量的能力

材料：

- 汽车游戏板

- 两个骰子（一个写有点数或数字；另一个 3 个面为"＋"号，3 个面是 "－"号）

- 纸和笔

- 筹码

步骤：

1. 根据说明（参见数学活动概述），做游戏板和游戏材料，然后在小组 活动时引入游戏。向儿童解释规则，尽可能做示范。

2. 在这个游戏中，游戏者轮流做售票员和司机。司机把车从游戏板上 的一个停靠站开到另一个停靠站。在前两个车站，司机用扔数字骰子的办法 来确定有多少个乘客上车。在第三、四个站，司机用"＋""－"骰子来决定乘 客的上车和下车。旅行结束后，售票员要说出车上的乘客数。为方便记忆， 售票员可以用纸和笔进行记录。

3. 教师可先示范几次。开始时每次只上一两个乘客，让儿童跟踪记录每个车站上下的乘客数，鼓励他们用笔和纸进行记录。如果还有困难，可以用木棒或其他可操纵的物件来表示乘客。让他们比较表示上车人数和下车人数的这两种不同的符号记录方法。

4. 当儿童掌握了规则和记录方法后，分配游戏角色，让他们自己玩。

其他活动：

1. 教师引入此游戏时可以先用数字骰子让儿童练习把每个站上车的乘客相加。然后，扔加减骰子，表示乘客上车(或下车)，练习加减法。

2. 为了让游戏更复杂，把乘客设计为成人和儿童两类，让游戏者分别记录两类乘客。他们也可以按其他类型，如男女、高矮等进行记录。

3. 介绍钱币，让每个乘客付车费，让售票员记录收到多少钱。

备注：本活动以 Joseph Walters & Matthew Hodges 的工作为基础，详细内容见《多元智能理论与学前儿童能力评价》。

带回家的活动

到吃晚饭还有多少分钟 DAO CHIWANFAN HAIYOU DUOSHAO FENZHONG

目标：

用钟或表读时间，学习秒、分、时的关系

材料：

有指针的钟或表（最好有秒针、分针、时针之分）

注意事项：

钟、表是最常见的表示时间的设备。这个练习旨在帮助儿童建立时间感（如理解一分钟和一小时的不同）以及通过练习学会看钟表和认读时间。

步骤：

1. 让儿童帮助你用钟或表记录一分钟和一秒钟的时间。把秒针、分针、时针指给儿童看，并对比它们走动的快慢。问儿童："秒针、分针、时针，哪一个长一点？"

2. 帮助儿童更好地意识到自己的日程表。比如，每天早晨 8:00 乘公共汽车，学校每天下午 15:30 放学，晚饭在傍晚 18:00，晚上 20:00 上床睡觉。儿童可以学会独立预计、准备。

3. 记录几件熟悉事件的时间：吃饭，看电视，播广告，洗澡，阅读，在学校的时间，固定的晚餐，等等。鼓励儿童将不同的活动进行时间上的安排。假如你愿意，可以让儿童做一张表，用图来表明这些活动的时间长短。比如：

活动	时间	时	分	秒

4. 儿童根据表来回答类似以下的问题：

● 电视广告和电视节目，哪一个播放的时间长？

● 如果你饿了，你希望吃饭时间还有 1 秒钟还是 1 分钟或 1 小时？

● 刷牙和看电视所用的时间是以分钟记还是以小时记？

5. 让儿童在家里找出其他的计时器。像做饭用的定时器、电脑软件上的计时器、秒表、闹钟等。看他（她）能找到多少。

分享：

鼓励儿童把制作的表格带到学校给教师、同学看。或者，教师让儿童核对时钟的准确时间、宣布休息或午餐等。

带回家的活动

你有多高 <small>NIYOU DUOGAO</small>

目标：

测量和估计长度，用表格做记录

材料：

- 带子、尺子
- 用作记录的较长的纸或墙面

注意事项：

儿童喜欢记录自己的身高——他们把自己长高看作是自己长大的标志。喜欢将自己身高增加的快慢看成是自己成长的快慢。在这个活动中，儿童练习用不同的测量单位进行测量和估量。

步骤：

1. 在尺子上给儿童指认1英寸的标记或给他（她）一根标有以1英寸为最小单位的带子。演示如何用带子去量一本书、一扇门、一张桌子、人的手指、玩具熊以及其他物件。

2. 给儿童一张纸让他（她）练习做出各种长度的长条，并做标记（如1英寸长、5英寸长、6英寸长）。

3. 问儿童：

- 门和书，哪一个长？你怎么知道？
- 3英寸长的线和1英寸长的线，哪一个长？你怎么知道？
- 较长的那个比较短的那个长多少？

4. 让儿童背靠墙站直，在与他（她）头顶齐平的墙上（或贴在墙面的纸上）做记号。让他（她）去量：用1英寸为单位的软尺或用尺子量从地面到记号间的长度。这样儿童知道如何用尺数表示自己的身高。也可以用长12英寸的尺帮助儿童测他(她)的身高尺寸。把记录表放好，这样儿童可以经常了解自己长高了多少。

5. 儿童可能想为家庭里的其他成员量身高。那么，可以问他(她)这样一些问题："家里谁最高，谁最矮？从上次到这次测量，你长高了多少？"

分享:

儿童可以把1英寸为单位的软尺带到学校去量教室里的东西，或者为全班做一个身高表。

带回家的活动

厨房中的数学 CHUFANG ZHONG DE SHUXUE

目标：

了解体积，了解不同测量单位间的关系

材料：

- 一套量匙(1/5 茶匙、1/2 茶匙、1 茶匙、1 汤匙)，各种形状的干净容器(玻璃杯、碗、瓶子)，量杯
- 盐、水、烹饪配料
- 烤用器具(大的搅拌用的碗、木匙、1~2 张烹饪纸)

注意事项：

这个活动可以使你有机会观察儿童听从指令的能力、进行准确盛量的能力、发现不同测量用具间的关系的能力(如一茶匙和一汤匙)。使用测量工具的能力是一项重要的能力，它不仅在做饭、烤食中运用，还在做木工、艺术活动、科学活动等各项活动中运用。

步骤：

1. 让儿童用前面的 4 种量匙分别取一些盐，倒在桌上堆成一排。让儿童确认哪一堆盐最多，是用哪一个匙取出的？让他们说出与另外三堆盐相对应的匙。

2. 让儿童尝试用茶匙取盐放入汤匙中，问他们这样一些问题：

- 一汤匙可盛几茶匙的东西？
- 一汤匙可盛多少 1/2 茶匙的东西？
- 如果汤匙掉了，用什么来取与汤匙所盛数量相同的东西？

3. 收集不同形状的容器，最好是透明的，因为用它来盛东西可以看得见。让儿童用量杯装一杯水放入每个容器，问他们这样的问题：

- 所有的容器装的水量相同吗？你怎么知道？

- 为什么有的已经装满，而有的只是半满？

- 如果你不想要整整一杯水，怎么办？

4. 一个特别的任务是和儿童一起做食品。可以做巧克力甜饼或其他你喜欢的食品。烤面包是个不错的数学活动。因为许多用料需要多次称取，能够让儿童使用几乎所有的取量工具。儿童开始可能会弄点乱子，但想想看，儿童为了学会本领需要练习，你就释怀了。

分享：

让儿童带些甜饼、量匙和量杯到学校，或者将甜饼作为家里的甜点，让儿童说说自己是怎么做这些甜饼的。

资源和参考资料

Anno, M. (1992). *Anno's counting book*. NY: Harper Collins.

Anno, M. (1987). *Anno's counting games*. New York: Philomel.

Baker, A. & Baker, J. (1991). *Raps and rhymes in math*. Portsmouth, NH: Heinemann.

Baker, A. & Baker, J. (1993). *From puzzle to project: Solving problems all the way*. Portsmouth, NH: Heinemann.

*Baratta-Lorton, M. (1976). *Mathematics their way*. Reading, MA: Addison-Wesley.

Burk, D., Snider, A., & Symonds, P. (1988). *Box it or bag it mathematics*. Salem, OR: Math Learning Center.

Burk, D., Snider, A., & Symonds, P. (1992). *Math excursions 1: Project-based mathematics for first graders*. Portsmouth, NH: Heinemann.

*Burns, M. (1975). *The I hate mathematics! book*. Boston: Little, Brown.

Burns, M. & Tank, B. (1988). *A collection of math lessons*. White Plains, NY: Math Solution Publications.

Gonsalves, P. & Kopp, J. (1995). *Build it! festival*. A GEMS Teachers Guide. Berkeley, CA: Lawrence Hall of Science, University of California.

Goodman, J. (1992). *Group solutions*. A GEMS Teacher's Guide. Berkeley, CA: Lawrence Hall of Science, University of California.

Hohmann, C. (1991). *High/Scope K-3 curriculum series: Mathematics*. Ypsilanti, MI: High/Scope Press.

*Kamii, C. (1982). *Number*. Washington, DC: National Association for the Education of Young Children.

Kamii, C. (1985). *Young children reinvent arithmetic: Implications of Piaget's theory*. New York: Teachers College Press.

National Council of Teachers of Mathematics. (1989). *Curriculum and evaluation standards for school mathematics*. Reston, VA.

National Council of Teachers of Mathematics. (1988, February). Early childhood mathematics. [Special issue]. *Arithmetic Teacher*, 35.

Russell, S. & Stone, A. (1990). *Counting: Ourselves and our families*. [for grades

K-1]. From the series *Used numbers: Real data in the classroom*. Palo Alto: Dale Seymour.

Stenmark, J. K., Thompson, V., & Cossey, R. (1986). *Family math*. Berkeley, CA: The Regents, University of California.

University of Chicago School Mathematics Project. (1993). *Everyday mathematics*. Evanston, IL: Everyday Learning Corporation.

Welchman-Tischler, R. (1992). *How to use children's literature to teach mathematics*. Reston, VA: National Council of Teachers of Mathematics.

Whitin, D. & Wilde, S. (1992). *Read any good math lately?* Portsmouth, NH: Heinemann.

社会理解活动 SHEHUI LIJIE HUODONG

注：本部分作者为 Winnifred O'Toole 和陈杰琦。

社会理解活动概述 SHEHUI LIJIE HUODONG GAISHU

    本部分的活动主要是为了促进儿童的社会学习，发掘他们的社会性潜能而设计的。我们用社会智能来概括对人际关系以及对自我方面的智能，前者建立在了解他人之不同的基础上，如人的心情、性格、动机及意图等各有不同。后者指对自己的了解，如对自己的能力、弱点、自己的希望和情感的了解以及基于自我了解对事件做出的回应，并将情感作为理解和指导行动的一种方式等。鉴于了解儿童的社会性发展的许多考察都集中在其行为上（分享、轮流、用言语而不用粗鲁的动作来表达情感等），于是多彩光谱项目便把重点放在了对儿童的知觉和理解力上，放在了他们对所处的社会关系及自己处于其中的角色地位的看法上。

    我们把目标定在发展已被证实的年幼儿童的社会智能的三项关键能力上，它们是：对自己的理解，对他人的理解，对文化背景中有价值的社会角色的认同。在儿童与同伴互动时，他们常作为促进者、领头人、助人者或朋友等这些被社会文化尊崇的角色出现。值得注意的是，不同的文化可能尊崇和支持不同的社会角色。这里的许多社会理解活动鼓励儿童检验相互之间的相同与不同的方式，因而为教师自己思考以及与儿童一起讨论文化间的差异奠定了基础。

    其他部分里的社会理解活动是根据本部分针对的关键能力来进行组织的（也可能利用其他关键能力来进行，因为儿童常常是通过各种关键能力的相互作用表现其社会智能的），许多活动是以小组的方式进行的。因而，在儿童进行游戏时，可以发展他们的反思能力、观察力和交际技能。儿童需要一起解决问题，玩游戏，完善他们的各种计划，如举行小型晚会庆祝生日。

    教师可以在一学年中间穿插社会理解活动，也可以以单元主题活动的形式进行，如"有关我的一切""友谊"等主题。无论是哪一种情况，具有导向性的活动会有助于让儿童对活动本身及其社会活动区的材料进行有思考的探索。许多教师选择了创设表演游戏区，在那里放置家具、衣物和其他用品，供儿童探究社会角色和社会性情景。当然也可以利用木偶剧，为儿童提供进行表演游戏的机会。另外，还可以回收其他活动用过的材料，如数学游戏和拼图、艺术材料、录音机、在报告新闻的游戏中用过的假的电视和话筒等，来研究儿童与他人合作工作和游戏的方式。

这部分活动可以从提问开始，以了解"社会"一词对儿童来说意味着什么。它意味着和朋友在一起吗？听听儿童的回答。在他们交流了各自的观点后，教师可以告诉他们："玩打电话游戏、角色游戏、配道具讲故事或表演木偶剧时，你们可以探讨社会理解。"教师也可以与儿童谈谈在社会理解区里可以利用的装扮衣饰、教室模型以及其他材料，鼓励儿童谈论他们从这些活动中学到些什么。

关键能力 GUANJIAN NENGLI

理解自我

- 认识自己的能力、技能、兴趣和有困难的领域

- 反思自己的情感、经验和成果

- 利用反思来理解和引导自己的行为

- 能清楚地看到自己在某个领域表现出色或感到困难的影响因素

理解他人

- 对伙伴及其活动的了解

- 关心他人

- 了解他人的思想、情感和能力

- 在了解别人的活动的基础上对别人做出评价

扮演各种社会角色

领头者：

- 常发起组织活动

- 组织其他儿童

- 为其他人分配角色

- 说明活动如何进行

- 监督、指导活动

促进者：

- 经常与别的儿童分享创意、信息和技巧

- 调解冲突

- 邀请其他儿童参加游戏

- 扩展、完善其他儿童的观点

- 当别的儿童需要关心时提供帮助

助人者/朋友：

- 安慰沮丧的儿童

- 对其他儿童的情绪较敏感

- 对朋友的好恶表示理解

活动材料说明　HUODONG CAILIAO SHUOMING

表演游戏用的衣饰

　　收集一些儿童可以在角色游戏中运用的衣饰。儿童可以从家里带，也可以用旧衣服。除女式服饰外，也要有男用的，如夹克、腰带、马夹等以及一些表示职业身份的物件，如听诊器、邮包、警棍等。

　　建立游戏区，可以参考由 James Johnson，James Christie 和 Jhomas 编写的《游戏与儿童的早期发展》一书，作者在书中提供了在一年中如何组织道具和表演不同角色的好方法。

教室模型

　　多彩光谱项目的教室模型是由大的纸盒做成的，约为 $25 \times 15 \times 5$ 立方英寸大小。里面的家具由布片、木头、小盒子以及废旧物品做成。制作教室模型的说明可参见视觉艺术部分。这个模型还可以在语言活动中使用。

电　视

　　大的开口纸盒装饰成一台电视机，可以在表演游戏中用，也可以用于语言游戏的报告活动中。

了解自我

儿童活动为主

小组活动

拼贴介绍板 PINTIE JIESHAOBAN

目标：

通过拼贴活动帮助儿童了解自己和他人

核心要素：

- 反思能力
- 对自己和他人能力的认识

材料：

- 纸、胶水、剪刀
- 相片、旧杂志
- 用于记录的材料

步骤：

1. 简单介绍：教师出示一个拼贴板给儿童看，可以这样说："这是我孩子的拼贴。这上面有书的照片，有小宠物，还有小朋友在游泳，这些都是她感兴趣的东西。我们把这个拼贴板称为'图片介绍板'或'拼贴介绍板'。一个'介绍板'可以帮助别人了解我们是谁，我们能做什么。大人们的简历常用来找工作。你们可以用语言、图画、图片或绘图来做一个拼贴介绍板，介绍自己。"

2. 帮助儿童用各种方法描述自己。鼓励他们谈论自己的兴趣、能力和喜欢的颜色、食物以及宠物等。

3. 和儿童一起集体讨论他们的拼贴介绍中可能包含的内容，向儿童说明除了照片和图片外，他们还可以加上一些个人收集的东西，如篮球、最喜欢的糖果包装、演出票据或入场券等。

4. 在儿童将东西贴上之前，给他们一些时间计划并收集他们的物品。教师还可以给家长写一张便条对此加以说明，以取得家长的支持。

5. 当这项活动完成后，鼓励儿童在全班谈论他们的拼贴介绍板。

注意事项：

1. 儿童的拼贴介绍板可以在一学年中随他们对自己能力和兴趣认识的增长而随时修订。

2. 儿童的拼贴介绍板可以在一个开放教室或家长会上展出。

了解自我

儿童活动为主
小组活动

百宝箱 BAIBAOXIANG

目标：

探究个人的思想、观念和情感

核心要素：

- 了解自己
- 反思的能力

材料：

- 每人一个小盒子
- 粘贴标签
- 胶水、纸、记号笔

步骤：

1. 告诉儿童每个人的想法、观念和情感都是互不相同的，这使得每个人成为一个独特的人。由此引入活动，让每个儿童为自己特别的主意、想法或情感做一个百宝箱。

2. 发给儿童盒子，让他们按自己的想法做百宝箱和装饰自己的百宝箱。以后，他们可以写下或画出他们的想法，并将写、画的纸放入百宝箱里。

3. 与儿童谈论个人的隐私。说明百宝箱是私人的，让每个儿童明白不能乱动别人的盒子。不过，也要鼓励儿童在愿意时和同学分享自己的想法和情感。

注意事项：

在此活动前，教师可以先与儿童议一下"动脑筋"。教师可以讲一个故事，或提出一个简单的问题作为开始，在讲到故事情节时中途暂停，问儿童

能想什么办法解决故事中的问题。例如，如果这样你会怎么办：

- 你和一个小朋友同时想玩同一个玩具；
- 你妈妈说，你没做家务事前不能看电视；
- 你不记得把夹克衫放在哪里了。

看儿童能想出多少种不同的解决办法。对儿童的不同主意，教师要表示赞赏。

了解自我

儿童活动为主

小组活动

指 纹 ZHIWEN

目标：

做一套指纹，说明每个人的独特性

核心要素：

了解自己

材料：

- 印泥
- 纸
- 放大镜

步骤：

1. 从说明手印是每个人独有的特征之一引入活动。世界上没有两个人的指纹是相同的，因此，手印被用来鉴定一个人——因为一套指纹只能找到一个主人。

2. 帮助儿童做指纹印。教师可以发给儿童每人一张有手部轮廓的纸，或演示怎样做手的轮廓。帮助儿童标记手指：每个手指先在印泥上按一下，

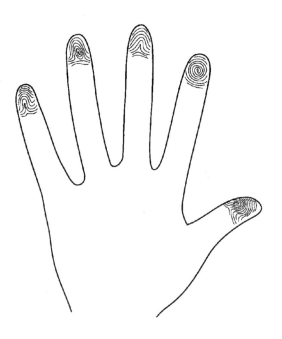

之后印在纸上相应的部位上。鼓励他们用放大镜观察自己的指纹印，还可以和父母的指纹印作一个对比，看看有什么相同和不同。

3. 指纹有各种类型（见科学活动部分：科学家用什么工具活动），把儿童印出的清晰的指纹印收集起来。如有条件，在复印机上放大复印出。拿出各种指纹印的复印本，鼓励儿童对此进行分类，然后做一个图表来表示有多少个小朋友的指印是旋纹、弓纹或环纹的。

其他活动：

1. 请儿童用指纹印做图片。可以把指纹用作印章，然后用记号笔和蜡笔完成图片。

2. 用颜料在一张长纸上做手印和脚印。这个活动可以在天气暖和时，在教室内或教室外进行，活动前要准备好热水和毛巾擦手、脚。

了解自我

教师指导为主

大组活动

剪　影 JIANYING

目标：

做剪影，以一种新的方式了解自己

核心要素：

了解自己

材料：

- 纸、粉笔
- 灯
- 广告板或彩纸
- 胶带、胶水或糨糊

步骤：

1. 在墙上贴一张纸。让一个儿童坐在墙面前，从他(她)的头上方投下光线，让他(她)的影子落在纸上。

2. 用粉笔描下他(她)影子的轮廓，剪下来贴在海报板或彩纸上。

3. 向全班同学展出这张剪影，可以让儿童猜猜这张剪影是谁的，或在剪影上附上名字的标签。

其他活动：

1. 扩展为其他的剪影活动。可以问儿童：

- 你怎样使自己看起来悲伤、快乐或惊慌？
- 怎样和一个朋友一起制出一个有两个头、两个鼻子、三只手的人？
- 怎样和一个朋友一起制出表示友好、愤怒或打斗的形象？

儿童可以把自己制作的剪影给其他同学，然后让他们分辨不同的形象和情绪。

　　2. 把剪影变成拼贴。儿童翻阅旧杂志，剪下他们自己认同的言语或图片，贴到剪影上。鼓励儿童结合自己的兴趣、情感和身体特征进行活动。同时也请他们向大家说明自己的选择。

了解自我

教师指导为主

大组/小组活动

情感车轮 QINGGAN CHELUN

目标：

帮助儿童确认、学习描述自己各种情绪体验的词

核心要素：

- 反思能力
- 了解自己的情绪
- 了解他人的情绪

材料：

- 表格纸和记号笔或黑板和粉笔
- 纸、蜡笔
- Aliki 的《情感》一书或其他有关情感的书籍

步骤：

1. 读一本有关情感的书。Aliki 的《情感》一书中有一些内容特别有用，因为它讲述了从内疚、卑贱、嫉妒、孤独到骄傲、慷慨、勇敢和兴奋等很多情绪。

2. 在图纸或黑板上画一个圈，把它分成六等份或八等份，告诉儿童这是情感车轮。让他们把刚才读到的情绪名称写在上面。教师或儿童可以在每个边上写上一个情绪的名称。为了激发他们的情绪，可以让儿童说说在下列情境中他们会觉得怎样：

- 朋友说："走开！"
- 在他（她）跌倒时有人把他（她）扶起来。
- 他们的兄弟姐妹得到一件礼物。

● 第一天上学。

3. 如果合适，请告诉儿童在以后几周他们有机会表演写在轮子上的情绪。可选某种情绪，鼓励儿童说出他们体验到这种情绪的感受或说出让人体验到那种情绪的几种情境（例如，什么使你愤怒？如果一个小朋友不小心偶然弄坏了你心爱的玩具时，你有什么感受？），并请儿童自愿表演出此情境。

4. 结合情境讨论：是否所有的儿童在这样的情境中都有同样的体验？还会有些什么别的感受（此例中是生气）？会不会有人感到悲伤、宽恕？

5. 请一个志愿者在相应的轮轴上涂上代表此种感情的颜色。

6. 另一天换一种情感重复此活动。

其他活动：

1. 编出一本《我感到伤心》的书（或我感到生气、我感到快乐、我感到孤独等）并表演。给每个儿童一张纸在下面写有"当我＿＿＿＿＿＿＿＿时，我感到伤心"的话。让他们画出或写出与这种心情相应的情境。如有必要，教师要给予他们帮助。把他们画的图画收集起来放入一本书，压平。鼓励他们轮流把书带回家读给父母听。

2. 鼓励儿童做一个自己的情感车轮。

了解他人

儿童活动为主

小组活动

认识人脸 RENSHI RENLIAN

目标：

鼓励儿童了解他人

核心要素：

- 视觉记忆能力
- 认识同伴
- 了解相像和区别

材料：

班级里每个儿童的两张快照

步骤：

向儿童说明这是一个需要专心玩的游戏。让他们把自己的快照反过来摆在地板上或桌上放成一排。每个人可以翻出两张，如果认对了，他（她）就留下照片并且再翻一次。如果认错了，就放回相片，然后由后面的儿童来翻。最后，保留相片数最多的人获胜。这个游戏由2～5个人参加效果较好。教师可以想办法选择一些照片使游戏更具挑战性。比如，用同一个儿童在不同活动中、不同年龄时期、正面和背面、戴着帽子和没戴帽子的照片。

其他活动：

和儿童做猜脸的游戏。在教室里离每个儿童相同远近的地方翻出照片。教师事先可用复印机将所有的照片放大成相同尺寸，也可以用两种方法来准备游戏所需的照片。

- 把放大的相片贴在纸板或海报板上。请儿童把自己的照片剪成5～5片，形状不限，然后让他们重新拼出。小组活动的儿童同样可以这样玩拼脸的游戏。

- 把剪好的小组同伴相片块反过来放成一堆，每个儿童取4~5张，拼成一个完整的脸。每人每次只能取一张小碎片，取了之后不能把它放回去，但可以相互交换。在游戏结束时，看谁拼出的完整相片最多。
- 让儿童剪相片，让脸有可以互换的部分。准备大小都一样的照片，把每张照片纵向折叠（以产生两张对等的半个面），然后，再横折 3 下，沿折线剪开。这样的碎片混在一起，在拼照片时，自己的特点会与别人的部分混合拼接，看看会产生怎样有趣的面像。当儿童拼出自己或别人的脸时，游戏结束。

了解他人

谁不见了 SHUI BUJIANLE

目标：

玩游戏了解他人

核心要素：

- 了解他人
- 观察技巧

材料：

- 秒表
- 蒙眼的布条
- 毯子（不规定）

步骤：

1. 让儿童在地上围成圆圈坐下，选一个儿童做"侦探"，另选一个儿童当"指定员"，负责选出某个儿童并且看时间。

2. 把做"侦察"的儿童眼睛蒙住，"指定员"选择一个儿童离开房间或躲在地毯下，其他人尽快变换位置。

3. 做"侦探"的儿童看着剩下的同伴，要在一分钟内迅速找出走掉的那个儿童。由"指定员"掌握时间。"侦探"可以问关于离开的那位儿童的问题，但只能是用"是"或"不是"来回答的问题。

4. "指定员"找下一个小朋友当"侦探"。

其他活动：

1. 用教室模型做同样的游戏。在教室模型中拿走某个儿童的标记，然后让大家猜是谁不见了。

2. 让儿童围成圈，让一个志愿者站在中间。鼓励儿童在 30 秒之内琢磨一下自愿儿童的形象。然后请他们闭上眼睛，站在中间的儿童迅速改变自己身上的某样东西（比如，把手表从一只手换到另一只手，取掉发带，把衬衣的下摆塞进裤子里），请其他儿童睁开眼睛，说说发生了什么变化。

3. 录下某个儿童在教室中活动时发出的声音，在大家围坐时播放，让儿童猜猜是谁的声音。

了解他人

儿童活动为主

大组活动

打电话　DA DIANHUA

目标：

了解人际交流的复杂性

核心要素：

与同伴交流的能力

材料：

- 纸杯
- 线
- 大纸盒
- 塑料管、漏斗、罐头盒
- 图表纸和记号笔或黑板和粉笔

步骤：

1. 让儿童围坐成圈或坐成一排。一个儿童想出一句话，然后轻轻地告诉邻座的儿童，第二个小朋友再低声地传给下面一个儿童，如此依次进行直到传给最后一个儿童。这个儿童大声说出他（她）听到的那句话。把最后这个儿童所说的话和第一个儿童说的话做对比，问问儿童他们怎样做可以使信息传递得比较清楚、准确，并把他们的回答记在纸上或黑板上。讨论一下谣言和事件是怎样被误传，最后竟面目全非的。

2. 将传话改为传声音，让儿童向邻座儿童传一个特殊的声音（如猫叫、婴儿哭声、门铃声）。这次第一个人不是传给一个人，而是向他（她）左右两边坐的儿童分别传，然后沿两个方向传走，最后听到从左右两边传来的声音的那个小朋友告诉大家，他（她）收到的两边传来的声音是不是相同。

266

3. 这次传一个脸部表情。一个儿童做出某种脸部表情，他（她）的邻座模仿并传给下一个小朋友，可以叫儿童先闭上眼睛，直到他（她）的邻座拍一下他（她）的肩膀。最后一个小朋友和第一个小朋友分别做一下所传的那个表情，让其他儿童看看有什么差异。

其他活动：

1. 帮助儿童做一些纸杯或锡罐电话（保证锡罐没有锐边），让儿童轮流互相通电话聊天，邀请某人参加晚会或传递消息。

2. 创造个人之间单独玩的机会，在同一个电话上挂多个纸杯或锡罐，那样几个儿童可以听到同样的消息。或者，用两个纸盒子做成电话亭，每个都能让儿童坐或站在里面，而且能放一根长的塑料管或花园里用来浇花的软管。用管子把两个盒子连起来，在管子的每个端口连一个漏斗，让儿童用它作为话筒，互相轻声地聊天。

了解他人

朋　友 PENGYOU

目标：

探讨友谊的概念和使用范围，了解同伴的身体、社会性发展和能力

核心要素：

- 了解他人
- 知道别人的兴趣和能力

材料：

- 教室模型
- 小玩偶
- Shol Sillverin 写的《感恩树》一书

步骤：

1. 大声朗读《感恩树》。和儿童谈论树和小男孩的关系，讨论友谊的各个方面：

- 朋友是什么样的？
- 最好的朋友是什么样的？
- 你怎样交朋友？
- 有朋友的好处是什么？
- 当你对某人发火时，他（她）还是你的朋友吗？你还把他（她）当朋友吗？
- 为什么朋友间会有争执？
- 如何和朋友和解？

2. 用教室模型玩"朋友"的游戏。让儿童想出他（她）在班上的一个朋友，

请他(她)到前面去尽可能清楚地描述朋友的特性，但不说出朋友的名字，让大家猜。或者，他(她)可以把木偶放在教室模型中某个位置，来表示朋友喜欢玩的地方，让其他儿童猜猜这个朋友是谁。

3. 这个练习稍加改编，将有助于增加儿童对别人特定需要的意识。比如，你可以让儿童把教室模型做成适合盲童或坐轮椅的儿童居住的地方。

其他活动：

以下活动基于友谊的概念，旨在帮助儿童意识到其他人的能力。这些活动可以作为与友谊有关的主题单独进行，也可以作为有关"友谊"单元中的一部分。其他的活动还可以包括：阅读书籍，唱歌颂友谊的歌曲，筹划晚会，烹调(称量)，写信或写邀请函以及其他需要合作的运动性游戏。这些促进创造性的活动，也有助于在教室里创造良好的环境。

- 做友谊链。在教室里连起纸环，从教室的一端连到另一端。教师每当发现某个儿童为他人做了好事时，就写在纸条上并把纸条粘在链的某个环上(教室里的其他教师也应如此)。当所有的环都粘满纸条时，开一个全班的庆祝会。

- 玩一个友谊的游戏。让儿童坐成圆圈，朋友两两配对，但分开坐。要求每个儿童想出自己好朋友的一件事，以击鼓的方式来决定谁说。当停止击鼓时，拿着球的儿童告诉大家有关他(她)的朋友的一件事。

了解他人

儿童活动为主
小组活动

指 偶 ZHIOU

目标：

做简单的指偶再次表演社会情境

核心要素：

- 了解他人
- 解决社会问题
- 协调能力

材料：

- 旧手套、毛毡碎片
- 记号笔、胶水、剪刀

步骤：

1. 把旧手套上的手指剪下来，让儿童做指偶，代表他们想象中的角色或真实的人物——他（她）本人、父母、兄弟姐妹以及朋友。儿童可以用笔和毛毡碎片创造出脸、衣服。

2. 鼓励儿童用指偶再次表演日常的教室情境。如轮流荡秋千，一块儿玩玩具或共同计划一个事情。可让全班一起提出解决某个问题的方案。教师可以这样提示："如果你想荡秋千，你怎么办？"

3. 一旦儿童熟悉了活动，他们可能希望有自己的观点。或者在教室中建一个问题盒，让他们写下他们认为需要注意的情境（如有必要教师可给予一些帮助），也可通过表演不同的情境来说明这些看法，这样在活动中无须说出儿童的名字或伤害某个儿童的感情。

4. 让儿童能够独自使用指偶及其他玩偶。

其他活动：

1. 做各式各样的玩偶。可以用三明治纸袋来做（在纸袋的底边贴上头发、眼睛和鼻子，在折叠处做成正在张合的嘴），在棒冰棍上贴上人脸或用毛毡碎片或手工纸做成整个身体；用小纸条缠在手指上或系成环状。在视觉艺术部分，你可以找到关于木偶活动的更多建议。

2. 鼓励小组儿童把大的硬纸盒做成指偶戏台，帮助他们做裁剪工作。教师可能要给他们一些制作帘子的织物或装饰盒子的颜料。把舞台放在一个书架上或放到桌布着地的桌上，这样玩指偶的儿童能蹲着藏在下面。

了解他人

教师指导为主

大组活动

透 视 TOUSHI

目标：

- 了解每个人对同一事件的不同看法
- 在议论中交流意见

核心要素：

- 了解他人
- 反思能力

材料：

- 表达各种情感的图片
- 图表纸和记号笔或黑板和粉笔

步骤：

1. 出示一张儿童能认出的某种表情的照片（可以用快照或是从旧的杂志或报纸上剪下的图片），和儿童谈谈他们认为这个照片是什么情绪，为什么会产生这样的感受？谈论各种各样的表情。

2. 对比不同的图片，让儿童进行分类。鼓励他们解释自己是以什么方式对图片进行分类的。

其他活动：

1. 在杂志中找一些两人处于某种明显的情感表现的照片，如一位妈妈正在紧紧地抱着她大哭的孩子，或者一位家长正在对着他儿子乱糟糟的房间生气。让儿童思考：父母和儿童对乱糟糟的房间的感受是否相同？让儿童假装图片中的人物角色进行对话，想想在那种情境下的人们会相互说些什么。

2. 让儿童为一些在他们看来较大的和较小的东西命名，在黑板上分别写成两张目录。要求儿童假想，从一个飞行员和一个小婴儿的不同角度来看单子上的东西有什么不同。

了解他人

故事中的问题 GUSHI ZHONG DE WENTI

目标:

听故事并讨论中心问题的解决方法

核心要素:

- 了解自己和他人
- 判断分享和公平

材料:

儿童和教师的照片

步骤:

1. 讲下面的故事(摘自 William Damon 的《好儿童:促进儿童的自然成长》一书):

"所有这些男孩和女孩都在一个班级里(出示儿童和教师的照片)。一天,老师让他们花一个下午的时间用蜡笔涂色、画画。老师说孩子们画得很好,可以把这些画拿到学校附近的集市上去卖。结果画卖掉了,全班卖得许多钱。大家聚集在一起,商量怎样分钱。"

2. 就上述故事问儿童一些问题。以下是从原书中摘录下来的问题,供教师参考。

- 你认为全班应该怎么来分这笔钱?
- 在其他同学画画时,有的儿童在教室里闲着,这样的小朋友应不应该分到钱?
- 有的小朋友说,来自贫困家庭的儿童应当多分得一些钱,你同意吗?
- 你是否认为班级里画画最好的儿童分到的钱应该最多?

- 有人说教师应该分一些钱，因为是她出主意说把画拿去卖的，所以我们才卖得这些钱，你同意吗？
- 有人说，不管具体细节，班上每个人都应该分得相同数量的钱，你认为呢？

3. 在班级里搞一次卖面包的活动，然后和儿童谈论怎样花掉卖面包的钱。

了解他人

儿童活动为主
小组活动

医　院 YIYUAN

目标：

通过扮演各种职业角色探究社交活动

核心要素：

- 了解他人
- 计划和组织
- 一起工作

材料：

戏剧游戏用的衣服和饰物，比如，绷带和创可贴、听诊器、手电筒、血压计（真假均可）、拐杖、空药瓶、口罩、橡皮手套、小儿床、指套、小垫子或担架等。

步骤：

1. 告诉儿童教室里的一个角落要建为医院区或急救区，在这里他们可以假装成病人和护理人员（如果已经有了游戏区，可以在一段时间里把那里用作开展医务活动的地方），谈论医院的事以及人们到那里的各种原因。如有可能，到医院做一次实地参观，或读一些有关医院的书籍。

2. 让儿童想出与医疗有关的各种职务，将这些职务画到图表纸上，让儿童说说这些职务所担任的工作以及与此有关的个人品质。教师可提问加以提示：妇女能不能做医生？男人可以当护士吗？强化性别不应当限制人们选择职业的观念。如果有家长在医院工作，请他们到学校和儿童谈谈。

3. 把教室里与医院有关的衣服、被褥、玩具或器具收集起来。让儿童说说他们家里的这类东西，像旧拐杖或医疗玩具等，儿童也可能会乐意把这些出借给班级一段时间。可集体讨论一张清单，如果你愿意，可以把活动计划附在这张单子上，寄给家长。

4. 一旦收集到这些器具，和儿童谈论如何建一个医院。你可以请几个志愿者帮忙安排游戏区。

5. 每天指定一段时间让几个小组的儿童在医院区活动，可以持续几周。

注意事项：

这是一个利用医院作为探讨职业和参与社交活动的例子。你可以选择你带的班级里儿童感兴趣的其他主题或某个特定的游戏单元。比如，你可以在食物或营养单元用玩具食品、餐具来建一个餐馆，或建一个礼物商店，出售儿童在工具单元或少数民族艺术单元中自制的珠宝、艺术品和手工艺品。

社会角色

班级人口调查 BANJI RENKOU DIAOCHA

目标：

搞一次班级人口调查，了解班里的同学以及如何与同学一起玩

核心要素：

- 发展交往技能
- 了解他人
- 了解社会角色

材料：

- 纸、笔
- 录音机
- 黑板与粉笔或图表纸及记号笔

步骤：

1. 介绍调查人口的概念和调查员的身份。与儿童讨论人口调查的过程，让他们在班里进行人口调查。

2. 让儿童提出一系列的问题。比如，班里有多少男孩？有多少女孩？多少儿童步行上学？有多少人喜欢打篮球、游泳、读书或解答数学题？有多少人出生在当地，有多少人是从外地来的？

3. 把这些信息填入表格（见数学活动中的"饼图"活动），把图表收集到书中或在班里展出。

注意事项：

1. 这个活动可以进行几天。调查人口可以包括计划、决策、角色分配、收集数据、最后展出和评价数据等过程。

2. 儿童可以用"电视"报告他们的调查结果。

社会角色

教师指导为主

大组/小组活动

生日宴会   SHENGRI YANHUI

目标：

通过为班里同学筹划生日宴会，练习不同的社会角色

核心要素：

担任一些具体的社会角色，包括：

- 组织活动
- 设置目标
- 交流意见
- 为完成预定目标齐心协力
- 鉴别自己和别人的能力

材料：

粉笔与黑板或图表纸与记号笔

步骤：

1. 每个月为当月过生日的小朋友筹划生日宴会。让儿童考虑以下几个问题：

- 为什么要开晚会？
- 学校里的哪一天最适合开晚会？
- 晚会上吃什么好？
- 由谁来准备？
- 晚会还需要些什么？
- 谁带这些东西？
- 谁负责打扫？

● 每个晚会要不要一个主题？

● 有的人生日在暑假，怎么办？

2. 当儿童做好决定后，帮助他们把愿意承担的角色和不同的工作写在黑板上。

注意事项：

1. 整个学年生日宴会活动都可以进行（因而要保证同等对待所有的生日宴会），要鼓励儿童筹划、组织、分配角色、做决定、准备、执行、清扫。在不同的晚会中允许儿童转换角色。

2. 在筹划过程中，提供各种替换物，然后让儿童决定怎样选择。把问题分类，然后将活动组织好，以便儿童可以在有限的范围中做出恰当的选择。比如，告诉儿童生日宴会可以在一个月的第一天和最后一天，在早上或下午的任何时间。引导儿童讨论：选择哪些组合最好？为什么？

社会角色

教师指导为主

大组活动

来访者接待日　LAIFANGZHE JIEDAIRI

目标：

　　通过小组讨论评价可能性和可选择物

核心要素：

　　担任特定的社会角色，包括：

- 决策

- 协商和取得一致

- 向别人传达要领

- 了解他人

材料：

　　粉笔和黑板或图表纸和记号笔

步骤：

　　1. 邀请其他年级的儿童访问你的班级。让班上的儿童计划如何接待来访者。比如，向他们说明一些作为班级成员应该知道的事情。小学一年级的儿童可能想请幼儿园的小朋友在学年末来参观，以了解怎样升级成为小学生。

　　2. 与儿童讨论所在班级想要什么来访者，把所有的观点都写在黑板上。将班级分成几个委员会，每个委员会选 3 个重要的项目，并为自己的选择辩护。

　　3. 鼓励儿童在有来访者访问的那天选择担任某些社会角色，如记者、干部等。

其他活动：

让儿童假想有一个从外星球来的来访者降落在操场上，让他们考虑 3 件最重要的事告诉来访者，如有关他们自己的班、他们的家……这是一个观察儿童一起交换意见并达成一致的好机会。

社会角色

儿童活动为主

小组活动

我们在一个组 WOMEN ZAI YIGE ZU

目标：

学会合作解决问题或达成目标

核心要素：

假扮不同的社会角色，包括：

- 合作
- 解决社会问题
- 与他人交流想法
- 确认自己和他人的能力

材料：

- 透明的细颈瓶
- 有动物图形的小橡皮
- 丝线
- 呼啦圈
- 板块拼图
- 积木
- 绳子
- 蒙眼布

步骤：

告诉儿童他们将要迎接一系列的挑战——不出声地把图拼在一起，不用手把呼啦圈转动。为了取得成功，他们必须合作。

拯救动物：

把5个动物状的橡皮分别系在5根丝线上，放入细颈瓶中，每根线头吊在瓶外。把瓶发给一个5人小组，让他们假装5只动物掉进了一口深井中。教师说"开始"时，儿童尽快地把掉到井里的动物救起来，大声地数出所花的时间。

注意：瓶颈须是小到不能同时取出所有的动物，每次只能取出一只动物，儿童只有学会协调、合作努力才能更快完成任务。

呼啦圈：

让儿童手拉手围成一圈。把呼啦圈套在一个儿童的肩上，让这个儿童不要放开相邻同伴的手而把呼啦圈传递给他(她)。站在这个儿童两边的同伴可以帮忙，只是不能把拉成的圈拆开。一直要这样把呼啦圈传下去。

假的礼物：

把全班分成每组5~6人的小组，每个小组围成一圈。让一个儿童不说话只做动作，假装给身边的一个儿童一件礼物。收到礼物的儿童必须猜出这个礼物的名称。如果接受者猜不出，其他儿童可以帮忙——但不能开口说。当儿童猜到假装的礼物后，再接着做出给下一个儿童礼物的动作。

拼图：

把班级分成几个小组(3~5个小朋友一组)，发给每个小组一个适合其年龄的板块拼图，难度足以引起儿童的兴趣，让儿童不讲话把拼图拼好。给每个儿童分配好任务，指定一个儿童进行监督，保证小组中没有人讲话。

搭积木比赛：

把收集的积木分给各个小组，让他们试试可以搭多高的房子——不讲话，测一下搭出的房子的高度并记录下来。让儿童重复同样的活动1~2次，看他们能不能总结经验，吸取教训，把房子搭得更高些。

你的生日是在什么时候：

让儿童先排成一排，然后改变队列——不出声——按照出生月份的先后来排。一月出生的排在队列前面，十二月出生的排在后面，同一个月出生的并排，但不必根据出生的天日分先后。可挂一张年历，便于儿童参考。如果需要，标出月份。

我们可以一起拉出一个形状吗：

3～5个儿童为一组，给每组一根绳子。蒙住儿童的眼睛，让他们一个小组合作拉出不同的形状来，如正方形、三角形或"L"形等。告诉他们都不要放开绳子，也不要取下蒙眼的布，直到他们认为已经变出了他们所想的形状为止。

注意事项：

1. 不同的小组解决同一个问题时所运用的策略不同。在每次任务后，每组派一名代表向全班说明该小组的策略。

2. 记下儿童在解决问题过程中担任的角色，看他们进行角色变换是根据活动本身还是根据组内小朋友的意愿。教师经过观察后可能会感到，分配角色有必要注意：仔细观察担任某些角色的几个表现特别的儿童；通过让某个儿童获得某个角色的经验，增加他（她）对该角色的明确认识；分给儿童一些他们不经常担当的角色（如让平时害羞的儿童当头儿）。

备注：本活动根据由 Ruth Charney，Marlynn Clayton 和 Chip Wood 所著的《积极的课堂》改编。

带回家的活动

我的生活故事 WODE SHENGHUO GUSHI

目标：

帮助儿童了解自己的身体、认知及社会性发展

材料：

- 儿童的照片、儿童画的画、与儿童成长有关的记录或其他相关材料
- 海报板、厚纸或可以折到书里的纸
- 水
- 记号笔

注意事项：

此活动旨在帮助儿童明白他（她）在过去的日子里成长的各个方面，让他（她）意识到，他（她）几个月前还不会做的很多事现在却都会做了。

步骤：

1. 收集一些代表儿童各个年龄阶段能力的可见材料，可包括：

- 出生证明；
- 出生时的脚印；
- 出生时的体重及身高；
- 儿童成长的照片（如爬、走、跳、在外面玩，自己穿衣、骑车、系鞋带等）；
- 儿童学习的照片（如学说话、和父母一起阅读，用不同的玩具玩、玩电脑等）；
- 儿童社会性发展的照片（如在家中、与朋友一起、庆祝节日、上学的经历等）；
- 儿童画的画或书法作业。

2. 和儿童一起谈论"成长的故事"，让他（她）挑选代表自己各个阶段成长的最好的相片或记录（应尽可能包括所在的家庭或社会的文化）。

3. 把这些相片和记录按年代排好，让儿童贴在海报板上，或贴在用纸叠成的小册子上。鼓励儿童为自己的成长故事配上图片或装饰。

4. 当"成长故事"做好后，和儿童一起回忆，谈论他（她）成长中的重要事件。

分享：

让儿童把自己的成长故事带到班级里去。

带回家的活动

有表情的脸 YOU BIAOQING DE LIAN

目标:

帮助儿童了解我们可以观察别人的面部表情,了解别人的情绪

材料:

- 彩色纸
- 剪刀
- 小纸盘(不规定)
- 胶水或糨糊

注意事项:

儿童通过体验识别相似的情感,知道别人也有同样的感受。

步骤:

1. 用手工纸剪出眼睛(快乐、悲伤)、嘴(笑、不满)以及其他的脸部表情。让儿童把这些图片放在纸盘或圆形纸上制造出各种表情:高兴、悲伤、发火、害怕、厌烦、安静等。儿童还可以画一些其他的表情。

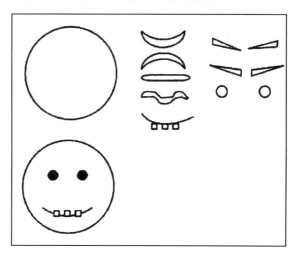

2. 还有什么其他的情绪?让儿童指出人们的其他感受,然后做脸谱与这些感受相配。

3. 儿童可以编一个简单的故事来说明这些表情的含义。

4. 讨论使人们感受到几类情绪的情境(如欣喜、孤单、愤怒、自豪)。

问他们：

- 什么时候你感到骄傲(或者是其他的情感，如兴奋、愤怒、尴尬、困窘、悲伤、厌烦、孤单，等等)？
- 在生日宴会上你觉得如何(可以换为其他情境，如走进教室、看电视、比赛获胜)？
- 你怎么知道另一个人感到悲伤(可以换为其他情绪，如自豪、兴奋、孤独、尴尬)？

分享：

1. 儿童可以把自己写的、讲述的故事带到学校去。

2. 让儿童做一张情绪图，用脸谱加以说明。儿童可以把这些图带到学校与同伴分享。也可以去掉文字或去掉脸谱，做"猜一猜"的游戏。

资源和参考资料

* Aliki. (1984). *Feelings*. New York: Green Willow Press.

* Barry, C. F. & Mindes, G. (1993). *Planning a theme-based curriculum: Goals, themes, activities, and planning guides for 4's and 5's*. Glenview, IL: Good Year Books.

* Borba, M. & Borba, C. (1982). *Self-esteem: A classroom affair* (Vol. 2). San Francisco: Harper & Row.

Carlsson-Paige, N. & Levin, D. E. (1987). *The war play dilemma: Balancing needs and values in the early childhood classroom*. New York: Teachers College Press.

Carlsson-Paige, N. & Levin, D. E. (1985). *Helping young children understand peace, war, and the nuclear threat*. Washington, DC: National Association for the Education of Young Children.

* Charney, R., Clayton, M., & Wood, C. (1995). *The responsive classroom: Guidelines*. Greenfield, MA: Northeast Foundation for Children.

Crary, E. (1984). *Kids can cooperate: A practical guide to teaching problem solving*. Seattle: Parenting Press.

* Damon, W. (1988). *The moral child: Nurturing children's natural moral growth*. New York: Free Press.

Derman-Sparks, L. & The A. B. C. Task Force. (1989). *Anti-bias curriculum: Tools for empowering young children*. Washington, DC: National Association for the Education of Young Children.

DeVries, R. & Zan, B. (1994). *Moral classrooms, moral children: Creating a constructivist atmosphere in early education*. New York: Teachers College Press.

* Foyle, H., Lyman, L., & Thies, S. A. (1991). *Cooperative learning in the early childhood classroom*. Washington, DC: National Education Association.

* Johnson, J., Christie, J., & Yawkey, T. (1987). *Play and early childhood development*. Glenview, IL: Scott Foresman.

Mallory, B. & New, R. (1994). *Diversity and developmentally appropriate practices*. New York: Teachers College Press.

McCracken, J. B. (ed.). (1986). *Reducing stress in young children's lives*. Washington, DC: National Association for the Education of Young Children.

Neugebauer, B. (ed.). (1992). *Alike and different: Exploring our humanity with young children* (rev. ed). Washington, DC: National Association for the Education of Young Children.

Saracho, O. (ed.). (1983). *Understanding the multicultural experience in early childhood education.* Washington, DC: National Association for the Education of Young Children.

* Silverstein, S. (1964). *The giving tree.* New York: Harper & Row.

Slaby, R. G., Roedell, W. C., Arezzo, D., & Hendrix, K. (1995). *Early violence prevention: Tools for teachers of young children.* Washington, DC: National Association for the Education of Young Children.

York, S. (1991). *Roots and wings: Affirming culture in early childhood programs.* 3t. Paul, MN: Redleaf Press.

语言活动 YUYAN HUODONG

注：本部分作者为 Julie Viens。

语言活动概述　YUYAN HUODONG GAISHU

　　学会读、写是小学低年级学生的重要任务。然而，读写能力并不只限于那些零散的技能，它是一种在不同的场合中表达自己且与人交流的能力。人除了要成为一名出色的作者、读者之外，还应当成为一名出色的讲演者，更重要的是成为一名出色的听者。

　　这里安排的语言活动旨在让儿童通过真实而有意义的活动发展听、说、读、写的技能。比如，通过给朋友写信并投到班级信箱的活动练习写作，通过在自制的"电视"中采访同学进行说话的练习，通过编写新闻报道、写诗等活动把儿童引入那些直接运用语言的职业领域中。这样，他们就能了解教室里的活动与真实生活的关系。教师应切记，这里的活动只是儿童表现和发展他们语言能力的众多情境中的一部分，还不是语言课程。我们只是希望这些活动能为教师在综合地考虑儿童的兴趣、爱好和品味的基础上设计语言活动提供一些思路。

　　这里把语言活动分为四类：讲述（讲故事）、报道、诗歌和读写。几个方面略有交叉，但各有侧重。讲故事主要侧重语言表达和语言审美，报道则强调对事实的客观描述与说明，诗歌注重语言的巧妙，读写活动则突出书面表达。另外，有一些活动是为了加强阅读准备技能（如认识字母），还有一些活动则是为阅读能力较强的儿童而设计的。

　　一开始便正式地引入语言活动可以帮助儿童了解他们将学习什么，也可以让他们为独立运用资料作准备。教师可以举行一次小组讨论，先向儿童介绍各种语言材料，然后让他们谈谈可以怎样运用。教师应记下儿童的想法和建议，并表示赞同，让他们感到自己是主动地在学习。例如，在介绍故事板时，教师应鼓励儿童说出故事板的用法及有故事板和只照着书讲故事有什么不同。教师也可以向儿童介绍用来做新闻报道的自制"电视"，鼓励儿童用它来报道周末新闻和生活中有趣的事情。

　　如果你愿意，也可以向儿童演示怎样用"广告球"（KOOSH）传来传去，或用"说话石"来指定发言者。说明谁拿到"广告球"或"说话石"，谁就要说话。在他（她）说话时其他儿童必须保持安静。当他（她）讲完后，可以把"说话石"传给或轻轻扔给下一个发言者。

关键能力 GUANJIAN NENGLI

有创意地讲故事

- 在讲述时运用想象力和创造性
- 喜欢听故事和讲故事
- 表现出对编写故事情节、刻画人物形象和人物心理、描述场景和人物态度以及对话的兴趣及与此相关的能力
- 表现出表演装扮的能力或表演天赋，包括能表演不同的风格，富有表现力和扮演各种角色的能力

描述性语言、报道

- 准确、连贯地叙述事件、情感和经历（如采用恰当的先后次序和适当的细节，能区分想象和事实）
- 准确地说明、描述事物
- 对描述物体的发生、发展过程有兴趣
- 进行合理的争论和询问

运用诗歌的巧妙语言

- 喜欢并善于运用双关、押韵和隐喻等巧妙语言
- 会玩音义游戏
- 表现出学习新词汇的兴趣
- 幽默地使用词汇

活动材料说明 HUODONG CAILIAO SHUOMING

故事板

由一块木板或盒子的顶盖做成，或由一块配有立体形象和布景的毛毡制成。儿童在讲一个熟悉的故事或自编的故事时可以配一些形象和布景。教师可以用橡皮泥做场景及道具，也可以用玩具车等交通类玩具组装背景。道具可以根据某本书和故事制造，也可以是一般常用的帮助想象的布景（如池塘、树、珍宝、国王和王后等）。

故事板上的立体人物

从旧书上剪一些人物照片，涂上颜色，蒙上透明纸做保护。将这些图片粘在木条（或其他干净的小管）上，做成一个立体的故事人物形象。根据儿童的建议及所讲的故事，定期更换木条上的形象。把与每一个故事相关的背景放在某个有标记的地方，注明出处（选自书的哪一页），便于今后取用。

字母（或单词盒）和字母卡

即标有字母或单词的盒子。可以放入与字母或单词相对应的物体或卡片，定期更换标签。

名为《我能做什么》的书

即一本用结实的纸和丝带自制的书。从杂志上剪下一些难辨认的图片和静物照片，贴到右侧页面上，让儿童在左侧页面上写出他们猜测的右页图片的名称。在以后的活动中，他们还可以把看起来神秘的图片剪下来贴到这本书上。

电视

用大的纸盒剪贴装饰成电视机的样子，用来做特殊事件的报道。社会理解活动中的几个活动曾用到"电视"。

班级邮筒

用纸盒子装饰成像邮筒样子的外形，用于写信活动或班级里教师及儿童间的交流。

教室模型

用纸盒做成一立体的教室模型，里面放上小的桌凳和用碎布、木块、小盒子及一些废旧品做的其他装饰，并放上一些小偶人或贴上班级儿童照片的小木条。详细说明见视觉艺术部分。

KOOSH 广告球和说话石

一个用于指定儿童讨论时的发言者的玩具或石头。KOOSH 是一个广告球，可传来传去决定由谁讲话。也可用大石块、贝壳等类似的东西来做"说话石"。

虚拟描述讲故事

小组讲故事   <small>XIAOZU JIANG GUSHI</small>

目标：

用故事板和道具引导儿童讲故事

核心要素：

讲述故事，突出：

- 有想象、创造力
- 有主题
- 有情节
- 富有表现力

材料：

- 大的毛毡
- 普通道具及立体形象
- 录音机（不规定）

步骤：

1. 让儿童坐在地板上，告诉他们将用故事板讲很多的故事。可先让大家一起来讲。

2. 将大的毛毡铺在地上，选几个道具和形象，告诉大家教师没有想好讲什么故事，而是让一个小偶人来讲故事："这是他的家，我把他放在这里。"让儿童为这个故事配上其他人物和道具。

3. 讲一个短小的故事，其中包含讲述的几个要素（如描述、对话、富有表现力的声音）。

4. 告诉儿童他们可以一起来讲下一个故事，每次为故事增加一个新的部分。可以小组为单位准备。想想看讲什么故事，故事中会发生些什么，应该安放什么背景，各物件应分别置于故事板上的什么位置等。

5. 请一名自愿先讲的儿童开头，依次轮流接着讲。保证每个儿童都有讲故事和接触材料的机会。提醒其他儿童认真听别人讲。

6. 在每个儿童都讲过一次或两次后，教师让某个儿童加一个结尾，以使故事有结局，并且前后连贯。

7. 就故事的内容进行讨论，比如：里面的人做了些什么？发生了哪些事？有没有结局？怎样编出结局？让儿童在讲故事时运用想象力、表现力，并采用对话和富有表情的语调。

注意事项：

1. 教师如愿意，可用 KOOSH 广告球来指定轮到谁讲故事。

2. 为儿童准备好他们讲故事要用的东西。

3. 用录音机把儿童讲的故事录下来，待他们讲完后播放。如有可能，让每个儿童录下自己讲的故事。

虚拟描述讲故事

配故事板讲故事　PEI GUSHIBAN JIANG GUSHI

目标：

在故事板上为熟悉的故事配出道具或图片，促进儿童的讲述技巧

核心要素：

讲故事的能力，强调：

- 对角色的刻画
- 情节发展
- 表现能力和表演才能
- 故事的理解和复述
- 运用对话
- 有表现力的语言

材料：

- 书
- 能代表书中故事的立体形象和道具

步骤：

1. 教师有表情地朗读一个小故事，并和儿童简单地谈论故事里的场景、主要人物、情节和结局。

2. 配上故事板再讲一遍刚才的故事，并稍微改变用语和细节。然后鼓励儿童用自己的方式来讲这个故事，讲述时允许他们做适当增删。

3. 如果有时间，让每个儿童或者更多的儿童把故事讲一遍。

注意事项：

1. 准备故事板时，挑选那些儿童熟悉的书籍，如你经常读给他们听的

书籍，这对还不会看书的儿童更有帮助。勾出或复印出书上的主要人物形象，剪下来贴在木条上或泡沫上。

2. 过一段时间向儿童介绍一本新书，不要把故事板收藏起来，以便儿童能够拿取。鼓励他们一起编故事或互相讲故事。

虚拟描述讲故事

教师指导为主/儿童活动为主

小组/大组活动

自制故事板 ZIZHI GUSHIBAN

目标：

做故事板，学习讲述故事

核心要素：

讲故事，突出：

- 想象力、创造性
- 表演才能
- 设计、编制情节

材料：

- 鞋盒子（让儿童带来）
- 蜡笔或记号笔
- 黏土
- 从家里带来的各式道具和人物形象

步骤：

1. 引导儿童自己制作故事板，并预先给予充分的介绍。让他们想想自己想编什么故事，要用些什么材料（盒子、道具、小人），帮助他们列一张清单，并回家去找上面的东西。

2. 每个儿童都准备好一盒他们想要的东西后，教师可发给他们每人一些黏土、蜡笔或记号笔以及其他一些绘画用品，让他们为自己的故事板画制人物及道具。强调在做道具、人物之前要仔细考虑自己想讲什么故事。教师在教室里走动，帮助他们编故事，将各种想法组织起来。

3. 鼓励儿童用自己的故事板讲故事。对着全班讲或对着几个同学讲都可以。

4. 一段时间以后，附上一张说明把故事板送到儿童家里，建议他们与爸爸妈妈一起用故事板，可以向爸爸妈妈说明怎样使用故事板。

虚拟描述讲故事

儿童活动为主

小组活动

用教室模型讲故事 YONG JIAOSHI MOXING JIANG GUSHI

目标：

根据自己的学校生活讲故事

核心要素：

讲故事，突出：

- 设计、编制情节
- 人物刻画
- 运用对话
- 社会理解

材料：

- 教室模型
- 录音机

步骤：

1. 告诉儿童可以用教室模型来讲故事，鼓励他们在自由玩耍或在学习活动区的时间里试着探索和摆弄教室模型。可以让儿童把所讲的故事录下来，并播放给自己及同学听。

2. 在儿童准备好后，鼓励他们（如有必要，可用秒表计时）以个人或小组为单位，轮流用教室模型来讲故事。提醒他们可以根据教室里发生的事或自己的想象来讲。教师只在儿童所讲的主题不当或需要调整时才出面干预。

其他活动：

1. 鼓励儿童用教室里的东西创造和分享自己讲的故事。利用木偶是激发故事讲述的好方法。可参考视觉艺术和社会理解部分有关制作木偶的说明。

2. 可建议儿童用橡皮印来创编故事。他们可以在纸上印出一系列人物和景物，然后把故事告诉同学。也可以用这些做写作素材，让他们尽量写下每个场景发生的事。如果教师认为必要，可以让儿童用简单的词写下自己的想法，然后告诉他们正确的拼写法。

虚拟描述讲故事

教师指导为主/儿童活动为主

大组/小组活动

配乐讲故事 PEIYUE JIANG GUSHI

目标：

通过为故事配上音响效果，发展丰富的表情

核心要素：

讲故事，强调有表情和创造性

材料：

- 短小的故事或一本小书
- 乐器（如铃、小笛、木块）以及其他能与故事内容相配的音响

步骤：

1. 读一小段故事，让儿童为故事情节配上音响。他们可以用打击乐器、铃铛或房间里的其他东西来制造音响效果。

2. 再读一遍故事，做适当的停顿和特意的安排，以便儿童配入音响。可让每个儿童负责一种乐器。

注意事项：

几乎每个故事情节都可以配上音响。试看下面一段故事：

"很久以前，在森林里的瀑布边（做出把水从罐子里倒入盆里的动作），国王和王后（在玩具喇叭或小笛上吹响5个音）和他们刚出生的宝贝公主（摇响婴儿的拨浪鼓）过着平静的生活。这个小公主几乎整天沉睡（旋开音乐盒）。公主长大后，经常猜想瀑布那边的世界会是什么样（倒水）。在一个晴天，她骑上马儿（用手指在桌上敲出马蹄声）向瀑布那边奔去，不一会儿，便消失在地平线上。"

其他活动：

1. 让儿童练习变换声音表演不同的角色（低声吼叫的熊、吱吱叫的老鼠）。教师可以念故事，适当停顿让儿童来读或重读某些部分。

2. 就像《彼得和狼》中每个角色的出场用音乐串起来一样，在每个故事中的角色出场时，也由一个儿童弹奏乐器来代表故事中的角色。注意突出活动中的音乐成分。

叙述性的描述、报道

教师指导为主/儿童活动为主

小组/大组活动

采访朋友　CAIFANG PENGYOU

目标：

轮流采访一个同伴

核心要素：

叙述性的描述，强调：

- 表现提问技能的描述性语言
- 准确、连贯的描述

步骤：

1. 告诉儿童他们将互相采访，以增进了解。让儿童两两分组或自由选择配对，准备采访活动。教师可先采访某个小朋友以做示范。

2. 说明采访是为了了解别人对某个话题的所想、所知、所感。给儿童一些问题的例子做参考，让他们知道采访时可以提这些问题，然后请他们自己加入一些新的问题。可供参考的问题是：

- 你的姓名？
- 你家在哪里？
- 你有没有兄弟姐妹？
- 你最喜欢玩什么？
- 你最喜欢干什么？

3. 每一对搭档开始进行采访时，教师可在教室里巡回，帮助各对儿童进行采访活动。

4. 让儿童报告他们的采访情况。

5. 让儿童交换角色，再进行采访。

注意事项：

1. 让儿童互相采访是引入诸如报道等其他活动的好办法。采访的主题可以是：假期生活，当前的事件，儿童在艺术、科学等各个领域的活动等。

2. 如果可能，在某次大家看了电视上的访谈活动后在班级里开展一次采访活动。首先谈论看过的电视节目，然后鼓励儿童轮流扮演访谈中的主持人和受访者。如果儿童愿意，他们可以坐在"电视机"后面或请别的同学观看。

叙述性的描述、报道

教师指导为主

小组/大组活动

新闻报道 XINWEN BAODAO

目标：

用"电视"了解和练习新闻报道

核心要素：

运用描述性的语言，突出：

- 准确、连贯地描述事件
- 解释事情的前因后果

材料：

- 纸盒制作的"电视"
- 玩具麦克风

步骤：

1. 引入纸盒电视，和儿童集体讨论他们可以进行的电视报道活动。

2. 向儿童说明这个纸盒电视就像真的一样，可以用来报道新闻。可给他们提供一个报道自己新闻的例子，比如，他们的旅行，他们做的有趣的事，发生在自己宠物身上的有趣事或体育活动等。

3. 演示怎样使用"电视"进行新闻报道：坐在"电视"后面，拿起玩具麦克风，讲一个平凡的家庭事件。如："昨天，我们家到公园去，凯蒂喂了鸭子。这时我们的广告宣传人出来说了一句……"

4. 让儿童想一想他们愿意告诉班上同学的事，然后让他们轮流坐在电视后面进行报道。如果开始时儿童不知道说什么，可问他们以下的问题：你能不能告诉大家有关你的狗的事？它做过什么特别的事吗？它看起来像什么？……鼓励听众在每个新闻报道结束时鼓掌。

其他活动：

1. 在纸条上写下各种类型的新闻（运动、娱乐、本地新闻、广告、天气预报），放在一顶帽子里，然后让儿童选择一个第二天要报道的类型及主题。

2. 使新闻报道变成班上每周活动安排的一个组成部分。比如，每星期一儿童可以自由结对或以小组形式用电视谈论一周发生的事。

叙述性的描述、报道

教师指导为主

小组活动

电影评论 DIANYING PINGLUN

目标:

通过电影评论发展报道事件的能力

核心要素:

运用描述性的语言,强调:

- 对事件的连贯描述
- 用准确的时间顺序
- 会选择报道细节
- 批评的技巧和看电影的方法

材料:

- 电影
- 电影票

步骤:

1. 告诉儿童他们将就某部影片发表意见,请他们认真仔细地观看之后进行讨论。

2. 用"木偶剧场"或玩具电视当售票处,请一个儿童做售票员售票,其他儿童买票进场。

3. 看完后,让他们对所看的电影发表评论:喜不喜欢这部电影?为什么?他们觉得这部电影怎样?电影中的事真的会发生吗?为什么会发生?为什么不会发生?

4. 在小组中,就电影的顺序、情节、主题、角色等进行讨论。问他们"电影中发生了什么?接着发生了什么?还发生了什么?其中最重要的事是什么?"

注意事项:

1. 选一些儿童不太熟悉,长约 15 分钟,有清晰的发生、发展顺序的电影。

2. 如有条件,定期进行这项活动,让儿童练习观看电视,回忆其中的情节、主题和角色的细节。

3. 可以建议儿童观看 PBS 电视中的"读彩虹"节目,里面有儿童对每项节目的评论。

诗化语言

教师指导为主

小组/大组活动

班级里的诗歌 BANJI LI DE SHIGE

目标：

阅读、创作诗歌

核心要素：

- 欣赏诗歌
- 品味语言
- 表现力

材料：

诗

步骤：

1. 把读诗和写诗纳入课堂的语言体验中，能激励儿童对文字的品位，实际地体验文字间的细微差别，而且它还是促进儿童表现力的一种有效方式。读诗和写诗犹如一币之两面相互关联，不可分离。如果儿童生活在诗的环境中，他们会比较熟悉诗的音韵和节奏；如果他们写诗，可以感到自己融入了伟大的文化之中。

鼓励儿童生动、富有表情、抑扬顿挫地朗读诗歌，讨论诗的语言——韵律和那些使人感动的字词（这些对儿童自己作诗也会很有帮助）。朗诵诗歌的活动可以长期进行。注意选择符合儿童兴趣的素材。他们喜欢背诵与他们的宠物、妖怪、假日、节日或体育比赛有关的诗，并做出可笑或幽默的行为。

这里有一首受欢迎的诗歌：

动物博览会

我去动物博览会，

那儿有小鸟又有野兽。

月光下，

狒狒梳理着自己的毛发。

小猴最好玩，

坐在大象鼻子上，

大象打喷嚏，一个趔趄，

哈，猴子怎么样了？猴子呢？

长期进行诗歌朗读要注意增加新的主题，营造班级里的幽默气氛。

2. Therexa Brown 和 Lester Laminack 在《让我们"说"诗》一文中建议：向儿童介绍写诗之前应当让儿童先"说"诗。可以问一些问题激发儿童的想象力，引发特定而具体的想象。儿童"说"出的诗可在教师指导下由全班或小组记下来。

3. 如果决定让儿童写一写大家都经历过的事情，如去水族馆参观，那么就让儿童先描述水族馆，让没去过的人能够设想那儿的情境和感觉。问一些问题引起他们的反应，可能会听到儿童说这样的话：

"鱼在水族馆里乘凉。"

把这些语言记下来！在活动进行中要多问儿童一些问题，促使他们更加生动地描述事件。提醒他们运用自己的五官感觉，比如：

问："你们在水族馆看到了什么？"

答："大大小小的鱼。"

记下后再问："你们能不能告诉我它们在干什么？"

答："它们游来游去，吃和睡。"

记下后又问："你在那里做了些什么？"

答："我说'你好，鱼儿'。""我笑了。""我在观看。"

把这些回答记下来就是："水族馆里鱼乘凉，大鱼和小鱼，游来又游往，东吃吃、西吃吃，吃了睡大觉。我问鱼儿你好吗，一边看，一边哈哈笑。"

4. Brown 和 Laminack 建议帮助儿童使用鲜明、生动的语言。比如，一个儿童写道"狗跑了"，教师可以这样问他："能不能用别的语言来让我们看出狗跑了？"如果必要，提供更具体的提示："它是怎样跑的，是悄悄地跑？跳跃着跑？奔跑？还是拖着脚狡猾地跑？"这样可以帮助他们找到恰当的词，像作家那样描述事件和事物。

5. 写诗是一种快乐的经历。Kenneth Koch 在他的《希望、谎言和梦想：教儿童写诗》一书中指出：最关键的是找到合适的主题。可选择那些儿童熟悉而又足以激发新的想法的主题，不要对儿童施加限制其想象力的条条框框。比如，要求他们的诗有节奏和韵律之类。应该给他们一些建议，鼓励创造性和一气呵成的感觉。比如，建议一个关于"愿望"的主题，以"我愿……"为开头说一句话；或者是关于颜色的（可以是同一种颜色，也可以是各种不同的颜色）；或者是关于他们的梦想的；或者是有关他们成长的（我曾经……而现在……）；等等。儿童对这些主题也许有话可说。其他方面的题目，比如，让儿童描述一种吵闹声或者做一个不落俗套的比喻，也有利于小诗人去尝试，挑战富有新意而非老套的语言。

6. 鼓励和帮助儿童写下自己的诗来描述一件事或个人的经历（给儿童机会口述自己的诗，然后再说给别的儿童听）。有一个比喻句的练习"快乐是……"（见下一活动），可以帮助儿童从小组写诗过渡到个人写诗。

诗化语言

教师指导为主

大组活动

"快乐是……" "KUAILE SHI……"

目标：

通过比喻了解诗

核心要素：

- 想象力、创造力
- 巧妙的言语
- 熟悉比喻

材料：

- 诗
- 黑板和粉笔或图表纸和记号笔

步骤：

1. 从做动作开始，让儿童用动作表示高兴的体验，用全身来表达自己的快乐。

2. 对儿童的动作给予回应。如对他们说："我看到很多快乐的小朋友。Olga，你好像在飞呢。Juan，你像一条摇尾巴的小狗。"鼓励儿童说出他们所做的动作，比如，"我是妈妈，在摇小婴儿""我是让人发笑的小丑"。

3. 问问儿童："是不是把自己装成别的东西更能把快乐表现出来？为什么会这样呢？"帮助儿童思考：装扮成别的东西是否类似于用一个比喻？比喻是否有助于表达感情？

4. 读"摇，摇，摇"一诗（附后），讨论这首诗表达的是什么样的快乐。

5. 如果教师愿意，换其他一些表示快乐的诗，问儿童"什么使你感到快乐，快乐的感觉像什么？"把他们的想法写在黑板上或纸上，构成一首诗。必

要时让儿童加上一个开头(如,"快乐是……")和一个结尾,和他们一起大声
朗读这首诗。

其他活动:

不用比喻来表达情感,而是用比喻来说明事物,如颜色。从阅读一首描
述某物的诗开始,然后和儿童集体讨论。让他们写出比喻的句子(如在纸的
横头上写:白色是什么或红色是_____),然后让他们结成对或小组进行类似
活动。

韵律歌

Swing Song

Oh,I've discovered	The time I discovered
A happy thing!	This wonderful thing
For every game	I really was swinging
There's a song to sing,	In a swing.
Sometimes with words	And the song I was singing
sometimes without,	Was just as true
It's easy to tell	For all the flying
What a song's about	Sky-things too,
From only a humming	For seagulls and eagulls
Like wind at noon,	And bees and bugs
It needn't be even	And arrows and sparrows
Half a tune	Enchanted rugs,
If only it goes	Clouds and balloons,
With what you do,	Balloons and bees—
If what you do	A backward humming
Is exactly true,	A forward breeze,
Or anyway if	Swinging without
It seems to you.	Any tune you please.

——Harry Behn

歌词大意：

<h1 style="text-align:center">摇，摇，摇</h1>

啊，我发现了　　　　　　我发现那时间

一件乐事！　　　　　　　美妙无比，

每个游戏　　　　　　　　我在摇，摇啊摇。

都可以唱歌，　　　　　　我所唱的歌

有时有歌词，　　　　　　即是真，

有时却没有。　　　　　　对所有飞鸟，

歌是什么？　　　　　　　苍天万物，

它只需轻声哼一哼，　　　海鸥和雏鹰，

宛如午间的风，　　　　　蜜蜂、飞虫，

半个调也不需要　　　　　还有弓箭和鸟鹊，

你做什么它就跟着做什么，　飞毯、云彩和气球，

只要你做的千真万确，　　气球和蜜蜂……

它就像你一样。　　　　　轻吟低唱，无曲轻摇。

诗化语言

我们的歌 WOMEN DE GE

目标：

为歌曲创作抒情诗

核心要素：

诗歌语言，突出：

- 玩味字音
- 幽默地用词

材料：

- 歌曲集（如果需要）
- 黑板和粉笔或纸和记号笔

步骤：

1. 告诉儿童他们将为自己喜欢的歌曲填词。选择有多处重复的歌曲，如"她到山中来""车轮滚滚"等歌和儿童一起唱。

2. 让儿童哼曲，然后静静地想为这首曲子加什么词。或者在黑板上写下歌曲的首行，留出空来让儿童写上新歌词。比如，让他们改写下面的词："她到山中来……"

She'll be comin' round the mountain when she comes,

She'll be comin' round the mountain when she comes,

She'll be comin' round the mountain, She'll be comin' round the mountain,

She'll be comin' round the mountain when she comes...

3. 在讨论时引导儿童产生新的想法，写下他们的建议，和他们一起唱。

其他活动：

如果儿童已准备好迎接挑战的话，可以让他们为摇篮曲写上新词。如"嘘，小宝贝，别吵"（歌词大意如下）。要求他们想想歌词的押韵。

嘘，小宝贝，别吵，　　　　　　如果比利羊不来，

妈妈给你买魔客鸟。　　　　　　妈妈给你买马车和牛。

它若不唱歌，　　　　　　　　　如果马车和牛不来，

妈妈给你买钻戒。　　　　　　　妈妈给你买条小狗来。

钻戒如生了锈，　　　　　　　　如果小狗不汪汪叫，

给你买望远镜。　　　　　　　　妈妈给你买匹马拉车。

望远镜打碎了，　　　　　　　　如果马拉车翻倒了，

给你买只比利羊。　　　　　　　你还是最可爱的小乖乖。

诗化语言

教师指导为主

小组/大组活动

用动作表演诗歌、故事和歌曲 YONG DONGZUO BIAOYAN
SHIGE、GUSHI HE GEQU

目标：

为诗歌、故事和歌曲加上动作

核心要素：

表现力，能将文字音韵与身体动作相关联

材料：

- 诗
- 表演服装
- 道具（如果必要）

步骤：

1. 告诉儿童他们来表演一首诗。慢慢地朗读这首诗，以便儿童能理解所有的文字。读出节奏，鼓励儿童背诵。（在这个活动中应选择一些通俗、重复句多的诗，像"育儿韵诗""天真的西蒙""杰克和基尔"或 Shelsilverstein，Ogden Wash，Edward Lear 等写的诗。）

2. 让儿童站成半圆形，每个人都可以看到教师。教师背诵诗，用身体姿态说明语言，鼓励儿童与你一起做，必要时重复直到他们能够跟上。

3. 换一首诗请儿童做出恰当的动作。

其他活动：

1. 选一首儿童喜欢的诗、短故事或歌曲，让他们为这些文字配上动作。这次，不同的角色或部分由不同的人来扮演。教师可先朗诵一首诗，直到儿童熟悉，再集体讨论怎样做动作。可尝试各种建议，看哪些最合适（后面附有一些诗和故事，配有动作，可做参考）。鼓励儿童扮演不同的角色，以个人、双人、小组为单位进行均可。在儿童选定了某个部分以及相应的表演动作后，根据他们的意愿和时间许可，让他们练习。

2. 儿童可以准备一个片段表演给家人或其他同学看。可以围绕多个方面准备几天。他们可以像艺术节那样制作道具和服装，也可以举行音乐活动练习唱歌。作为附加的语言活动，教师可以鼓励儿童写下他们自己能够表演的故事。儿童如果知道他们将要表演给别人看，会有很高的兴致编故事。

故事表演的建议：

转引自 R. Pangrazi 和 V. Dauer 编撰的《儿童的动作与早期教育》(1981)，经允许重印并稍做改动。

杰克和巨人

从前，山上住着一个巨人。他是一个很坏的巨人，国王用重金悬赏能杀掉他的人。杰克，一个乡村小男孩，决定来试试。

文　字	建议的动作
一天，杰克带着铲子和凿子向山里行进，他想赶在天黑之前上山。	（拿起铲子和凿子，跑圈）
杰克终于到达山下，开始登山。	（抬膝走圈）
他手脚并用，不停地往上爬	（用手臂做爬的动作）
天快黑时，杰克到达山顶，在确定巨人已经睡觉后，他拿着凿子在洞口挖坑。	（用力做挖的动作，双脚分开站立，身体向前弯）
凿松沙石后，他用铲子把它们撒在岩洞四周。	（用力做铲的动作，忽儿右，忽儿左，在各个方向上撒沙石）
然后，他把拾来的稻草、木棍等铺在洞口。	（弯腰，拾稻草，左右交替）
完成后，他停下来等到天亮。杰克大声地喊巨人，把巨人吵醒。巨人气呼呼地走出山洞。哇！他有两层楼那么高。	（双臂上举，伸直，踮起脚尖走动）

巨人生气极了，走出来，没有任何提防，恰好踏进了杰克挖的坑里，被杰克杀死了。

（弯腰假装掉下去的样子）

杰克用沙石把坑填满。

（做向前、向下的动作，假装把沙石推到坑里。绕一个圈，重复以上动作）

杰克走进山洞，拿走了巨人的珍宝，然后跑回家准备告诉母亲。

（向相反方向跑动，转圈，拿着珍宝的样子）

当他回到家时，由于兴奋和疲倦而死。自此，人们称他为杀巨人的人。

（做深呼吸动作）

袋　鼠

文　字

建议的动作

袋鼠，袋鼠，袋鼠。

（双手放在前肩，代表袋鼠的爪子）

你怎么跳的？

（左右看，但不动）

我练一年零一天，也学不会你那样跳。

（像袋鼠那样跳）

读/写

字母盒　ZIMUHE

目标：

通过给字母配实物、给字母配图片学习语音

核心要素：

- 语音技巧
- 音、形搭配

材料：

- 字母或词汇盒
- 各种物体和图片

步骤：

1. 向儿童介绍字母或单词盒，说明每个盒子有一个字母。比如，今天介绍的是一个有字母 G 的盒子（拿出写有 G 的盒子），请你从杂志上剪下以这个字母开头的词、图片、物品、字母卡——凡是以字母 G 打头的东西都放到这个盒子里。

2. 做示范：从杂志上剪下一个 G 开头的词放入盒子中，再放入以 G 开头的物品，让儿童说说这个过程，以确证他们知道怎样进行这个活动。

3. 告诉儿童字母盒整天或整周都可以用。让他们将班级里的物品或玩具放入时给你看一下，因为有的东西可能要用。

4. 在一天或一周后，查看盒子里的东西，问一组儿童："这是什么？这是以 G 开头的东西吗？"如果有误投的物品或字母，讨论一下怎么会弄错了。比如，"这个不是以 G 开头的，但是它是以 G 结尾的，它是 dog"。

注意事项：

1. 准备一些儿童可以放入字母盒的东西：实物、图片、字母卡。

2. 在同一时间段里放 2～3 个盒子供儿童使用。

读/写

教师指导为主
小组/大组活动

一起读 　YIQI DU

目标：

　　与小伙伴一起读图书

核心要素：

- 喜欢听、讲故事
- 能以引人入胜的语调富有表情地朗读
- 与人合作的能力

步骤：

　　1. 让儿童结成对，每个儿童选一本他（她）想读给同伴听的书。

　　2. 允许儿童和同伴在教室的任何角落走动，互相轮流朗读。

　　3. 让儿童组成小组，帮助他们提高听和说的技能，让他们说说听到的故事。

其他活动：

　　1. 帮助儿童了解阅读可以一个人进行，也可以集体进行，可以互相交流读书所获得的思想和经验。鼓励儿童向全班同学读一本书。儿童可以从家里或在教室里选一本自己喜欢的书或故事来读。对没有当众读过的儿童，鼓励他们辅以图片讲（不是读）一个喜欢的故事。

　　2. 全班一起熟读一首诗或歌词。发给每个小朋友诗或歌词，或者写在黑板或纸上，教师用富有表情的声音读第一句，然后儿童和教师一起读（可以指着读），之后让每个儿童轮流读一句，最后一起背诵或齐唱。

读／写

介绍日记 JIESHAO RIJI

目标：

用日记将思想用文字表达出来

核心要素：

写，突出：

- 想象力和创造力、表现力

- 准确、连贯地描述

- 说明事物的条理

- 巧妙语言

- 押韵和比喻

材料：

- 每个儿童一本日记

- 用于写或画的工具

- 装饰品(任意)

步骤：

1. 发给每个儿童一本特别的本子，可以在上面写出、画出自己想写、想画的东西。告诉他们用日记记录成长或思考生活中的事件，他们可以这样来使用它——记下自己的想法、所写的诗、编的故事、不愿忘记的事或者任何映入他们头脑中的事，等等。他们可以在上面画画或者随画配以故事。和儿童讨论他们想写或画到日记上的是些什么，把他们的想法列在黑板上或纸上。

2. 分发日记以及蜡笔、记号笔、胶水和其他合适的手工用品，提议儿童用图画或图案装饰自己的日记，使它显得特别，易于辨认。

3. 对儿童说说怎样开始记日记。先可以进行某种练习，帮助他们开头。比如，可以试着激发他们说："打开日记，在第一页上随便画上你想到的东西。"然后，让儿童仔细看他们自己画的是什么，给它做上标记。它像什么？是熟悉的东西吗？是树，是一张脸还是一只动物？在教室里巡视，帮助儿童开头。

4. 告诉儿童日记随时可用，随时让他们用日记回顾过去。和个别小朋友或全班儿童一起谈谈他们的开篇。

注意事项：

鼓励儿童用日记记录自己的思想——表达自己的感情，说出不想让别人听到的想法，记下想记住的事。他们可以在自由活动时间、等待活动或提前完成某项活动时写日记。教师也可以每天为他们留出一段时间来写日记。还可以让儿童以某种较固定的方式记日记。可给他们一定的主题。

Lucia Capacchione 的《为儿童创作日记：家长和教师的指南》一书中提出了以下（仅举部分）建议：让儿童写下自己的梦，描述自己心目中的一个英雄，许一个愿，画自画像并写上：我是_____，等等。

读/写

《我是什么》记录本 《WO SHI SHENME》JILUBEN

目标：

用《我是什么》记录本来练习写作和自我表现

核心要素：

写作、虚构描述、叙述性描述，突出：

- 想象和创造性
- 准确标记和描述
- 对解释物体的兴趣

材料：

- 杂志
- 《我是什么》记录本
- 剪刀、胶水或胶带

步骤：

1. 准备：从杂志上选两幅照片或插图作为《我是什么》记录本的模型。图片可以是任何你不知道或你认为能引起儿童去辨认和描述的东西（如不熟悉的动物、食物或机器）。

2. 出示《我是什么》记录本，向儿童示范怎样做自己的条目。翻杂志，说明你正在找你不知其名的物体或不太知道如何使用的东西。

3. 剪下找到的图片并粘到《我是什么》记录本上。举起记录本让儿童看图片，问："这是用来干什么的？"（或你认为这是什么？它是用来做什么用的？）在该页背后写下儿童的建议和意见。

4. 再找、剪、贴、说另一张图片，说一些富有想象的话，像"这是从火星来的比萨脆饼!"让儿童翻杂志,剪下他们认为神秘的事物。

5. 把《我是什么》记录本传下去,帮助每个儿童贴上自己的条目,留出进行评论的空间。告诉儿童可以写下自己或别人的神秘事物。教师走动指导,继续谈论,让儿童全年随时都可以用这个小本。

读/写

班级信箱 BANJI XINXIANG

目标：

通过写信、寄信给同学，发展与人交流的技巧

核心要素：

写作，突出：

- 写出具有想象和创造性的内容
- 运用双关语和诗

材料：

- 班级信箱
- 写作材料(纸、记号笔、铅笔)
- 装饰物(橡皮章、标签)
- 杂志
- 剪刀、胶水或胶带

步骤：

1. 告诉儿童他们将做一个班级信箱，用来互相通信。教师可与儿童一起把信箱装饰得逼真些。

2. 儿童结对(或抓阄而定)，让他们给对方写信。强调信可以由画、字、杂志图片或橡皮章做成。教师可与没成对的儿童或全班儿童一起"写"信。

3. 四处走动，帮助儿童折信，写信封，把信投到信箱中"寄走"。

4. 选一个邮递员，帮助大家发信。儿童收到信会很高兴，尤其是以前没有收到过信的儿童会更高兴。

5. 把信箱留在教室里，让儿童随时写信。

其他活动：

1. 集体写信，让儿童写下自己的信寄给同学。可以选择班级通知、生日祝愿、节日问候（包含不同民族的节日）等主题。

2. 当儿童熟悉这个过程后，鼓励他们写下关于自己的主题（如友好相处、生日或节日贺卡等）。儿童可以在班级信箱里寄信，也可以带回去给家人。鼓励他们自己拼写，请成人帮忙"编辑"。

3. 在一年中的不同时期，建议儿童以小组或个人的名义给班外其他人写信。教师可以建议他们：

- 写给一个外国小朋友；
- 给一个生病的朋友写信；
- 向班里的来宾致谢；
- 邀请客人到班里来；
- 给当今的英雄人物或电视明星写信；
- 给总统讲一件重要的事。

读/写

"＿＿＿＿是＿＿＿＿的家" "＿＿ SHI ＿＿ DE JIA"

目标：

练习生动而富有想象的写作

核心要素：

创作故事，突出：

- 想象力和创造力
- 详细描写
- 创造性地用词

材料：

- "＿＿＿＿是＿＿＿＿的家"的纸条
- 用于写、画的材料

步骤：

1. 如有条件，读 Mary Ann Hoberman 的《那幢房子是我的家》一书。讨论各种生物的各种类型的家。给每个儿童一张画，在下面写有"＿＿＿＿是＿＿＿＿的家"。

2. 让儿童运用自己的想象在空白处填上适当的内容。给他们一些例子：在第一个空里填上"房子"，第二个空留给儿童去填，如"房子是人的家"。在第一个空里画一幢房子，在第二个空里画一个人或一家人站在窗口边或房子旁。鼓励儿童用自己的方法填画。

3. 最后，说出一种胡编的生物，如"这个活动真有趣，可以编出一个动物和它的家。比如，我填上一个 slump，写成'一个＿＿＿＿是 slump 的家。'你知道 slump 是什么吗？让我装扮一只动物，我说我的 slump 住在 twzeele

里。所以在第二个空里我画一个 slump，它是一个大的臭虫病菌，它住在 twzeele 里，twzeele 是用草和黏胶做的家。"

4. 教儿童在自己的纸上填出真实的或非真实的人或动物。教师在教室里巡视，给儿童一些帮助。一段时间后，把儿童完成的画订成一本书，让每个儿童带回家。

其他活动：

1. 用其他东西代替"家"，比如，"_____是 _____的食物""_____是 _____的衣服"。

2. 做一张上面有待儿童填入句子的独创的纸，用同一个主题写出句子。像心爱之物、旅行、家人、爱好和宠物等。

带回家的活动

自己编书 ZIJI BIANSHU

目标：

制作一本图画书，里面是有创意的画和图画说明

材料：

- 5张或更多张纸
- 胶带或订书机
- 蜡笔或记号笔、铅笔、钢笔

注意事项：

看见自己的作品印成书肯定非常兴奋！这个活动就是让儿童出版一本故事书，让他们感到自己和许多成人一样可以成为小作者。同时也让家长了解儿童怎样组织故事。活动完成以后，书可以成为家庭自制图书中的藏书，儿童可以给朋友、兄弟姐妹看，还可以带到学校去。

步骤：

1. 给儿童5张纸，帮着他们把纸粘或订成册。

2. 让儿童想出一个故事主题，如果想不出来，先回忆一下喜欢的故事和事情。然后，让他(她)用蜡笔或记号笔把故事画在纸上。

3. 完成后，让他(她)给你讲讲每幅画的意思。在他(她)讲的时候，你在每页画的下边写下一两句话。最好用儿童自己的话来写。

4. 所有画订好后，和儿童一起读故事。

5. 让儿童为书写一个名字，做一个封面。你可以问他(她)一些问题来帮助他(她)思考，如"给这个故事取一个什么好名字呢？在封面上画一张什么图可以让别人想看这本书呢……"

分享：

让儿童把书读给家人或朋友听，如果他（她）愿意也可以带到学校去。不必要求儿童完全按书上写的文字来读。这个活动中最重要的部分是组织故事的思路。

带回家的活动

押颜色词的韵 YA YANSECI DE YUN

目标：

用颜色词学习字韵

材料：

- 纸
- 铅笔、彩色笔、记号笔或蜡笔

注意事项：

儿童喜欢玩文字游戏，常常自己创造发明字词。这个活动鼓励儿童仔细倾听——这是欣赏、创作诗的重要步骤。这里选用了一些儿童熟悉的颜色词——儿童可能能读出，通过学习颜色词汇的同韵词来教儿童体会幽默，同时学习新词。

步骤：

1. 让儿童说出五种颜色词，在纸上写下这些词，也可以用相应的彩色笔来写出（紫色和橙色这样的词难以成韵，用红、黄、绿这些容易成韵的词）。

2. 选择容易押韵的颜色词让儿童说出尽可能多的与_____色同韵的词，写下儿童所说的词。如果他（她）说不出来，重新选一种颜色（如黑色），找出black 黑色一词的同韵词（如 tack 大头针、pack 包裹、sack 袋子等词）。儿童自己编造词也行，不过得问问他们所编词的含义。

3. 再看纸上的颜色词，然后问："能不能把这些词放在一起，能不能把它连成句？连成红色小床？"写下儿童说出的句子，并与孩子一起读。也用其他颜色词来重复练习。

4. 如果想更有挑战性，更有刺激，可以试试能把多少同韵词连成一个句子。如，"Ted in the red bed has a cold in the head"。还可以把同韵的词连成像下面的诗：

"In the red <u>bed</u>

was a man named <u>Ted</u>.

He had a cold in the <u>head</u>.

His brother was <u>Fred</u>."

分享：

　　由颜色、颜色词巧妙组合的韵诗可以写入儿童的作业，并鼓励他（她）把颜色韵诗带到学校。

资源和参考资料

＊Brown，T. M. ＆ Laminack，L. L. (1989). Let's talk a poem. *Young Children*，9，49-52.

＊Capacchione，L. (1989). *The creative journal for children：A guide for parents，teachers，and counselors*. Boston：Shambhala.

Cazden，C. (ed.). (1981). *Language in early childhood education*. Washington，DC：National Association for the Education of Young Children.

Cole，J. (ed.). (1994). *A new treasury of children's poetry*. New York：Doubleday.

＊DeVries，R. ＆ Kohlberg，L. (1987). *Constructivist early education：Overview and comparison with other programs*. Washington，DC：National Association for the Education of Young Children.

Fox，M. (1984). *Teaching drama to young children*. Portsmouth，NH：Heineman.

Graves，D. (1992). *Explore poetry*. Portsmouth，NH：Heineman.

Harper，B. (ed.). (1993). *Bringing children to literacy：Classrooms that work*. Norwood，MA：Christopher-Gordon.

Heard，G. (1989). *For the good of the earth and sun*. Portsmouth，NH：Heineman.

Heinig，R. (1992). *Improvisation with favorite tales：Integrating drama into the reading and writing classroom*. Portsmouth，NH：Heineman.

＊Hohmann，M. ，Banet，B. ，＆ Weikert，D. (1979). *Young children in action*. Ypsilanti，MI：High/Scope Press.

Holdaway，D. (1979). *The foundations of literacy*. New York：Ashton Scholastic.

＊Hopkins，L. (1987). *Pass the poetry please*！ New York：Harper ＆ Row.

Koch，K. (1970). *Wishes，lies，and dreams*. New York：Chelsea House.

Maehr，J. (1991). *High/Scope K-3 curriculum series：Language and literacy*. Ypsilanti，MI：High/Scope Press.

Mallan，K. (1992). *Children as storytellers*. Portsmouth，NH：Heineman.

McClure，A. ，Harrison，P. ，＆ Reed，S. (1990). *Sunrises and songs：Reading and writing in an elementary classroom*. Portsmouth，NH：Heineman.

＊Paley，V. G. (1981). *Wally's stories*. Cambridge，MA：Harvard University Press.

＊Pangrazi，R. ＆ Dauer，V. (1981). *Movement in early childhood and primary edu-*

cation. Minneapolis, MN: Burgess.

Raines, S. C. & Canady, R. J. (1989). *Story s-t-r-e-t-c-h-e-r-s: Activities to expand children's favorite books*. Mount Rainier, MD: Gryphon House.

Schickedanz, J. (1986). *More than the ABCs: The early stages of reading and writing*. Washington, DC: National Association for the Education of Young Children.

*Sloan, G. D. (1984). *The child as critic: Teaching literature in elementary and middle school* (2nd ed.). New York: Teachers College Press.

Strickland, D. & Morrow, L. (1989). *Emerging literacy: Young children learn to read and write*. Newark, DE: International Reading Association.

视觉艺术活动 SHIJUE YISHU HUODONG

注：本部分作者为 Roger Dempsey。

视觉艺术活动概述 SHIJUE YISHU HUODONG GAISHU

　　画家能用一双训练有素的眼睛来观察世界，他们能觉察到线条、颜色、质地、布局的微妙差别。本部分设计的活动旨在培养儿童具有画家般的观察力和创造力。其中，第一部分的艺术感知活动是想让儿童通过参加绘画活动，形成对形象世界和艺术作品的敏锐感知。

　　在第二部分——制作艺术作品的活动中，我们设计了一些活动促使儿童运用已经积累和正在积累的对于图案、色彩等视觉特征方面的知识，自己动手创作艺术作品。这些活动有助于发展儿童将头脑中的观念转化成为具体的形象所必备的能力：表现能力、绘画技巧、想象力、探究的欲望和冒险的精神等，同时也有利于让他们体会活动过程中的成功感。在安排这些活动时，一般先安排了2~3个不太涉及液体的"干净整洁"的活动，随后安排了一些通常被认为是"又湿又脏"的活动。教师可以根据自己及儿童的兴趣和需要加以调整。

　　除了组织的活动以外，教师应该提供机会让儿童按照他们自己的方式和步骤摆弄绘画材料。这样的自由活动让儿童有机会进行自我表达，利用绘画材料制造出各种感觉效果，同时这也是儿童发展经验、练习使用绘画材料和绘画工具的必备技能技巧的好机会。

　　建议教师把绘画材料摆放在绘画角或学习活动区，并事先向儿童说明或示范一些基本的技能，如怎样用海绵吸掉画笔上多出的水，怎样调色，怎样冲洗画笔上的颜料以免污染新的颜料，怎样把两块黏土弄湿使之连成一块等。儿童一旦掌握了这些技巧，就能有效地、具有创造性地表达自己的想法。

　　教师应尽可能地为扩展儿童的感觉经验提供多种材料，如帮助他们发现蛋彩和水彩的区别，在桌面上画画和在画架上画画的异同，用毛笔画画和用手指画画的差别等。用手指画画不仅能促使儿童运用大、小肌肉去画线条、画图形，还有助于释放紧张的情绪。

教师也可以演示如何变旧为新。比如，把胶水瓶当成画笔，用胶水来画画，画好后还可以撒上沙、盐等亮晶晶的东西或撒上粉笔屑。鼓励儿童用多种方法使用粉笔。比如，把粉笔粉末撒在沙上，把沙变成不同的颜色；把粉笔头浸入糖水或糖和牛奶的混合物中，以产生颜料的效果；也可以用粉笔画出一条长而宽的彩色线条。

教师应保证所提供的材料能够一物多用。搭积木是一个很好的活动，儿童在搭积木时要考虑整体布局和平衡。应当鼓励他们从多个角度观察自己搭的东西，或者让几个小朋友围着他们搭出的建筑，从不同的方向去观察它。接下来，让他们将各种盒子、管子、稻草、水果篮子等废旧物品堆成"雕塑"，或者把瓶盖、纸屑及其他东西贴在黏土做的球上或塑料泡沫上。鼓励他们做出仿真的或者自己想象的东西。

在多彩光谱项目中，我们全年收集儿童的艺术作品，定期进行评论，使教师和儿童都能了解儿童在一段时间内艺术能力的发展。我们也记录儿童的创作偏好——他们对创作主题及材料的偏好。你如果想这样做，可以在开学时教他们制作并装饰自己的文件夹（见后面制作文件夹的说明），用文件夹收集他们的作品。

儿童自从会握笔，就开始涂涂画画。因此，他们上幼儿园之前已经有了不少绘画的经验和想法。在引入绘画活动之前，可以让他们谈谈这些经验。比如，让他们说说自己以前的作品，他们最喜欢的绘画媒介或绘画工具，以及有关艺术活动的想法。问问他们去没去过艺术展览馆，感觉怎样，对那里的什么最感兴趣。

如果有条件，请学校的艺术专家或本地的艺术家到学校，展示他们的艺术作品，包括他们没成名时的作品或乱涂的东西。他们可以告诉儿童自己是怎样开始进行艺术工作的，接受过怎样的训练，如何形成个人的艺术风格和一定的艺术兴趣。也许他们能够把自己年幼时的作品拿给儿童看。艺术家个人的故事能够帮助儿童理解艺术创作和生产劳动一样重要，既有趣又艰苦。

此外，教师可以向儿童展示艺术活动中的一些材料，如各种画笔、不同质地和颜色的纸以及废旧物品等，让他们说说应该怎样利用废旧物品。记下他们的观点，告诉他们以后可以尝试自己的各种想法。

随后，介绍艺术夹。教师可向儿童说明如何把作品放入艺术夹中保存起来，这样可以对比目前的作品和几个月后的作品，儿童将会在对比中为自己的进步感到惊讶。如果儿童愿意，可以让他们把艺术夹带回家给爸爸妈妈看，或者在学年结束时举办班级艺术展。

关键能力 GUANJIAN NENGLI

视觉艺术：感知

- 感知周围环境和绘画作品中的视觉要素，如颜色、线条、形状、图案和细节
- 对不同的艺术风格有敏锐的洞察力。比如，能区分抽象派、写实派、印象派绘画

视觉艺术：创作

表征：

- 能用平面和立体的形式准确表现视觉所见
- 为一般物品设计出容易辨认的符号（如人、植物、房屋、动物等），能恰当地安排空间布局，使整个作品协调
- 运用比例，描绘细节特征，有意选用色彩

艺术性：

- 能运用各种绘画要素（线条、色彩、形状等）表达情感，产生特定的效果；能画装饰和立体图形
- 能画出真实的表情（如微笑的太阳，哭丧的脸）和抽象的特征（如用暗色的线条或低垂的线条表示悲伤），表达强烈的情感。绘画和雕刻作品富有表现力，或生动，或悲伤，或有力度感
- 对装饰有兴趣
- 绘画作品色彩亮丽，有较好的平衡感和节奏感

探索性：

- 能灵活而富于创造性地运用艺术材料（如尝试使用颜料、粉笔、黏土等）
- 用线条和形状制作平面或立体的各种形式的作品（如开放式、封闭式、爆发式的以及受控式的）
- 能尝试各种主题或题材的作品（如人物、动物、建筑、风景等）

艺术感知

儿童活动为主

小组活动

找形状 ZHAO XINGZHUANG

目标：

认识艺术作品中的形状

核心要素：

- 艺术感知
- 意识到形状是设计的组成部分

材料：

- 黑色、灰色或白色的手工纸
- 书
- 明信片、海报等绘画复制品

步骤：

1. 给儿童黑色、灰色或白色的手工纸，鼓励他们剪出各种形状（圆形、椭圆形、矩形、三角形和半圆形）。

2. 让儿童辨认各种形状，并让他们找一找教室里的形状。或者让他们闭上眼睛，想一想教室里有哪些同样的形状。

3. 给儿童 2～3 种形状，让他们在绘画、雕塑或复制图画时找出相同的形状。

4. 鼓励儿童寻找画中的图案，寻找画家运用和创造几何图形的不同方式。问儿童这样一些问题：在某个艺术家作品中你看到了什么形状？画家在他们的绘画中是不是把有些东西组合成一定形状的（比如，把所画的人物、树木等拼成一个三角形）？画家怎样用同样的形状拼成不同的东西？

5. 提供蛋彩等绘画材料，让儿童在自己的作品中尝试运用各种形状。

其他活动：

1. 让儿童用身体各部位来构成各种形状。例如，可以用自己的手指、嘴、手臂或整个身体构成一个圆形。如，找一个伙伴，两人拉成一个圆圈；全班一起围成大圆圈、小圆圈、中等大的圆圈，再围成三角形、正方形等。

2. 给儿童一个纸巾筒或卷纸筒、透明的彩纸和橡皮筋。把透明彩纸蒙在纸筒的两头，用橡皮筋捆紧，这样做成一个彩色镜，用它来看教室里的东西。问他们看到的东西是什么颜色和什么形状的。

艺术感知

教师指导为主

小组活动

拓　印 TAYIN

目标:

　　通过探究用蜡笔拓印,了解物品的质地

核心要素:

- 艺术感知
- 对物体质地的敏锐感知

材料:

- 开封的蜡笔
- 新闻纸、薄的画纸或打印纸
- 宣传板
- 长条胶带
- 不同质地的材料(如金属纱窗、叶子、砂纸、塑料包装纸等)

步骤:

　　1. 在海报板上粘贴几样不同质地的物件,并给每一物件贴上标签,以此为样板。让儿童看看这张样板,每人选择并辨认一种质地的物件。

　　2. 让他们从袋中摸出(不许看,只能用手摸)与自己在样板中选出的同样质地的物件,并将它放到桌上,看看是否拿对了。

　　3. 教师演示怎样做拓印。把一张纸蒙在一件有纹理的东西上,剥去蜡笔外面的纸,把蜡笔横着在纸上来回地擦几次。儿童在进行这样的拓印时,用力要恰当,涂擦尽可能大的面积,那样可以拓出较好的图形。把有纹理的物体固定在桌上,拓起来可能更方便。

　　4. 让儿童对照拓片和原物,把所有的拓片收集起来,并和原物相配。

其他活动：

1. 让儿童把拓片贴在一张大的纸上，做成个人或小组的拼图。或者做成一本小册子(将打印纸或复印纸分成两半，几张叠成一叠，在对折处订起来即可)，把拓片贴在上面。

2. 鼓励儿童从家里带各种有纹理的东西到学校来，收集成袋，制作样板，用新的物件进行上述活动。

3. 在户外散步或进行户外活动时让儿童收集一些自然界中的物品，并根据这些东西所属的类别归类，然后按主题如"自然物品"和"人工制品"分成两类袋子或两种样板。

4. 和儿童一起观看各种绘画、油画的印刷本，并讨论质地。教师可以向儿童提出以下的问题：

- 在画中你能发现哪些不同的质地？
- 画家是怎样用线条来表示这些质地的？
- 你能不能用笔在纸上画出各种线条：光滑的、凸凹不平的、粗糙的、箭头状的、波形的、尖的、有一点不平整或极不平整的东西等。

艺术感知

教师指导为主

大组/小组活动

感知觉学习 GANZHIJUE XUEXI

目标：

探究有助于更好地理解物体的感知觉

核心要素：

感知不同物体的特征

材料：

可视、可触、可听、可闻、可尝的各种东西

步骤：

1. 拿出各种物体让儿童归类，并说出物体的类属是什么。

2. 对儿童的分类方式表示认同。如果他们没有利用人类对物体的一般感觉进行归类，可以告诉他们人类有一套将物体分类的特别方法——用我们的五种感觉：触觉、听觉、视觉、嗅觉和味觉。

3. 问问儿童是否知道，如果我们想更好地了解物体，可以运用自己的各种感官。向他们说明假如我们对所画所塑的对象了解得越多，就能更好地完成自己的作品。比如，如果我们见过、拿过、闻过或尝过一个苹果，那么我们画出的苹果就会更逼真。如果有条件，可用一些艺术作品加以说明。

4. 让儿童凭空画一只苹果。然后让他们看、摸、闻、尝了苹果之后再画。鼓励他们在第二次画时说说他们看到、感觉到的与第一次有什么不同。

其他活动：

对很多景象、物体都可以让儿童体验上述的"前后效应"。儿童开始不用任何实物，凭空画，然后用感官体验后（如尝尝辣椒的辣味、摇铃铛感受它怎样发出响声）再画。

艺术感知

教师指导为主/儿童活动为主

小组/大组活动

黑白照片展 HEIBAI ZHAOPIANZHAN

目标:

促进儿童对黑白两色表现的敏感性

核心要素:

- 对艺术风格的敏锐感知
- 对黑白照片的形状、阴影、线条等的敏锐感知

材料:

- 杂志(最好是黑白的或有黑白照片的)
- 剪刀
- 黑底的海报纸或大张的黑纸、白纸
- 黑色的笔
- 胶水

步骤:

1. 让儿童翻阅杂志(教师要提醒他们只看黑白的),剪下他们喜欢的黑白照片。

2. 和儿童一起看这些黑白照片,告诉他们最初发明的相片全都是黑白的,没有彩色的。即使是今天,出于某些原因,人们仍然喜欢黑白照片。其中的原因之一是人眼偏爱黑白照片上的形状和阴影,而且黑白照片上人的脸部往往更清晰。此外,黑白照片给人们留下了更多的想象空间。

3. 让儿童对黑白照片和彩色照片各自的特点做出评价。

4. 鼓励儿童以小组为单位进行黑白照片展。首先让每个组选出3~5张有关联的照片,把这些照片贴在黑色衬底上,编一个故事把它们串起来。可

以问儿童这样一些问题：你的相片中的人物是谁？他们是否互相认识，是怎样认识的？发生了什么事？还可能发生什么？看了这些照片有什么感觉？

5. 鼓励儿童用白纸、黑笔为每张照片写上标题或它们之间的故事。把照片和说明都粘到黑色衬底上，最后将衬底贴在墙上，进行一次黑白照片展览。

其他活动：

1. 用真实的照片代替杂志上的照片进行上述活动。有不少古董店和寄卖店保存有老的黑白相册，学生家长也可能提供一些自己或长辈的黑白照片。

2. 如果教师或家长愿意借出自己的相机，那么可以在一天的活动中教会儿童自己拍照。先在相机里装上黑白胶卷拍摄教室中的景象，再拍彩色照片。之后，让他们看黑白照片，根据照片上的明暗，猜猜各个物体的颜色。比如，暗色可能表示深色。接着让他们对比同一物体的黑白照片和彩色照片的效果，说说照片与实物对比是什么感觉。

艺术感知

教师指导为主

大组/小组活动

近观自然物 JINGUAN ZIRANWU

目标:

探究近看、远看物体的不同

核心要素:

- 艺术感知
- 对细节的感知
- 对不同艺术风格的敏锐感觉

材料:

- Georgia O'Keeffe 的绘画图片
- 自然实物(花、叶等)
- 放大镜
- 木屑
- 颜料
- 画笔、记号笔或彩色铅笔

步骤:

1. 出示 O'Keeffe 的绘画图片(最好是她的一幅放大的花的图片),看儿童能不能说出这些画的意思。

2. 谈谈 O'Keeffe 的绘画风格,让儿童说说在他们看来,放大某个物体或物体的某个部分表示什么。

3. 把班级分成几个小组,给每个小组一片叶子、花或其他自然物品(如果可能,发给他们自己的一件东西),让他们画一张该物品的全貌图。

4. 让儿童学习用物体的部分来表征该物体,如用花瓣表示花。可以用自制的"橡树窗"来选择要画出来的物体的那一部分。（橡树窗是用橡树木屑做的中间空的方框，宛如一个小相框。）

5. 让儿童用放大镜观察自然物，仔细观察他们刚才画的那一部分，然后根据所看到的放大的像再画一次。

6. 鼓励他们再画该物的全貌图，将四幅画做比较。一起讨论两张全貌图和两张细节图的差别。

注意事项：

与下面的两个活动一样，这个活动主要探究画家从不同的视角和对视觉世界的不同理解来作画，以及不同的艺术作品怎样引起人们对日常所见的物体的新的思考。我们采用 Georgia O'Keeffe 的作品为例，希望你能挑选你喜欢或你用起来得心应手的其他作品。

艺术感知

教师指导为主
小组活动

画卡分类 HUAKA FENLEI

目标：

提高儿童对不同绘画风格的感知能力

核心要素：

- 对不同绘画风格的敏锐感知
- 辨别特定绘画作品或某艺术家的作品

材料：

代表不同风格的各位艺术家的明信片

步骤：

1. 让儿童以他们认为有意义的方式将明信片归类。鼓励他们用多种方式进行分类。

2. 和儿童谈论他们的分类方法。比如，以作品表达的主题分类，或以图画的布局、颜色、气氛、艺术家（作者）以及画的艺术风格等为标准来分类。如果他们不知道怎样进行分类，请将这些分类方法告诉他们。

3. 让儿童说说他们喜欢的作品以及喜欢的理由。互相交流对画家的了解，谈谈画家最经常画的是些什么，他们最著名的画和他们的作画风格是什么等。

其他活动：

播放几种风格的音乐，让儿童选出 1～2 幅画和音乐相配。讨论他们选出的画的异同。

注意事项：

1. 用幻灯向全班展示绘画图片，比用明信片更好，因为幻灯更大、更清晰。

2. 明信片应放在某个盒子中或便于儿童拿取的其他地方，让他们在别的时间里可以自由取用。

3. 明信片和海报纸大小的绘画印刷品可以在艺术商店或艺术博物馆看到。年历上、笔记卡上也有世界各地的绘画图片。

艺术感知

教师指导为主

大组活动

探讨艺术风格及绘画技巧 TANTAO YISHU FENGGE JI HUIHUA JIQIAO

目标：

探索和尝试各种绘画技巧

核心要素：

● 艺术感知

● 对不同绘画风格的敏锐感知

材料：

Seurat，Mondrian，Homer 等画家的绘画作品（印刷品）

步骤：

1. 把 Seurat，Mondrian，Homer 等画家的作品（或其他你挑选的作品）给儿童观看，看有没有儿童能够看出这些画家的作品的差别，并一起谈谈这些差别。

2. 讨论画家画画为什么有不同的风格。教师可以说明：艺术里没有一种唯一正确的、确定的描述世界的方式，每个艺术家可以带有个性地看待世界，并用绘画表达、与人分享其对世界的独特见解。有的画家偏爱色彩，有的喜欢变换视角，有的钟情于营造某种气氛或表达思想。

3. 告诉儿童你所选择的绘画作品的不同风格和运用的各种技巧。比如，你可以用 Seurat 的作品来介绍法国印象派的点画法，用 Mindrian 的作品（红、黄、蓝的组合）来说明立体派，用 Hormer 的《牧童》来介绍美国的写实派（参见注意事项部分）。

4. 展示一些画家的多幅作品，让儿童指出它们出自哪一位画家之手。

5. 如果在冬天或春天进行这个活动，儿童可以有机会把绘画作品收入自己的艺术夹中。让他们评价自己的作品，尝试辨认自己的绘画风格（如喜欢的主题、喜欢的颜色、强调的细节等）。

注意事项：

在这项活动中，Seurat，Mondrian，Homer 作为特定艺术风格的范例，可随意代之以其他风格和年代的其他艺术家的作品。学校里的艺术专家也可以向儿童说明不同的艺术风格。比如，说明不同的点可以构成一个人的脸（点画法）。然后引导儿童用这样的画法自己画。

以下是一些派别的范例：

- 点画派：一种运用小点，产生远看构成图形的效果的绘画技巧。
- 立体派：20 世纪上半叶的一种绘画、雕塑流派，不用真实细节而是用几何形状构图的画法。
- 美国写实派：努力达到视觉效果逼真的绘画技术。

艺术表现

儿童活动为主

小组活动

照着画，不照着画 ZHAOZHEHUA，BU ZHAOZHEHUA

目标：

对比照着画与不照着画

核心要素：

- 表现能力
- 注意细节的能力

材料：

一纸板箱，内装贴有标签的小盒子，每一盒子里装一立体物（如叶子、纸屑、铅笔）

步骤：

1. 从纸板箱中选一个盒子，念出盒子上的内容，不要打开盒子。

2. 让儿童凭记忆或想象画出盒子里的东西。

3. 让儿童为自己画的画标上名称、作画人的姓名以及记忆中的某个词，并把绘画收集起来。

4. 打开盒子，取出里面的东西放在桌上让儿童看，鼓励他们仔细观察这个物件。引导儿童对物体的形状、颜色和质地进行评论。

5. 把这些物品放在儿童面前，让他们一边仔细观察一边画，鼓励他们尽可能地用颜色、线条画出质地、形状等细节。

6. 让儿童在画上标出物品名称、观察中所获得的词和作者名。

7. 把第一幅画发给他们，问他们这样一些问题：

- 当你不照着实物画时，你凭什么来画？
- 当你边看边画时，画出的画有什么进步？

- 为什么会这样？
- 人们是否在仔细观察某一物体后能画出更细致、效果更好的画？

注意事项：

尽量挑选那些儿童比较熟悉的、比较容易画的物体。在其他活动时间，鼓励他们单独或以小组为单位画别的物品。建议他们先凭记忆画，然后边看边画，最后来比较前后两张画。

艺术表现

儿童活动为主

小组／大组活动

边看边画 BIANKAN BIANHUA

目标：

边看实物边画

核心要素：

- 表现能力

- 构图能力

- 注意细节的能力

材料：

- 绘画纸

- 记号笔或铅笔

- 瞎盒子（blinder box）

步骤：

1. 让儿童回想前面照着画和不照着画的活动，引入本活动。突出仔细观察所画物体的线条和形状的重要性。

2. 告诉儿童在画画时，有时候少看纸，多看物体，可能会对要画的东西有较深的印象。如果他们同意这个观点，请他们说说为什么同意（如果他们不同意，为什么不同意）。

3. 让儿童尝试不看手和纸，把看到的正方形或三角形画下来（这种技能需要练习）。

4. 让儿童选择教室里他们喜欢的小东西和大小适中的物体，把物体放在他们面前，或让他们坐到物体面前画。

5. 让儿童在动笔画画之前仔细观察物体，注意它的线条和形状，并只看物体不看自己的画。

6. 提议儿童把铅笔放在纸上，画出第一根线，然后笔不离纸把整幅画画完。有的儿童喜欢用"瞎盒子"，让自己不看到绘画的进展。不过，如果这东西麻烦就不要用。"瞎盒子"的顶部和底部是一个边长为 12 英寸的正方形，底部是开口的，盒子靠儿童的一方也是开口的，把盒子盖在儿童的画上，儿童的手可伸进盒子画画，但能防止儿童看自己手的动作。

7. 引导儿童反思活动，可以讨论为什么知道物体的细节对画画是极其重要的，而不看纸作画如何有助于对细节的注意，因而有助于画出逼真的效果。

注意事项：

从一开始就向儿童说明，不看着手的动作画一个物体刚开始可能很难，经过练习可以变得容易。这样来鼓励儿童，让他们不致畏难而放弃努力。

艺术表现

教师指导为主

小组／大组活动

多视角绘画 DUO SHIJIAO HUIHUA

目标：

意识到从不同的角度看物体有不同的效果

核心要素：

- 表现能力
- 对不同角度的意识

材料：

- 画纸
- 蜡笔
- 每个面颜色不同的多色纸盒

步骤：

1. 把课桌围成圆形，让儿童从不同的角度看放在中间的多色纸盒。

2. 让儿童用蜡笔画多色盒（只画他（她）的位置能看到的颜色）。

3. 待他们画完后，展出他们画的画，并进行比较。问这样一些问题：

- 在你坐的位置能看到多色盒的哪几种颜色？
- 为什么你画出的多色盒的颜色和形状与同伴不一样？
- 当你看一幅画时，你知不知道作画者的角度？

其他活动：

1. 教师要为这个活动进行特别的准备：从不同的角度拍下某个物体的照片，让儿童看，并讨论随着视角的变换物体的轮廓、形状和颜色的变化。

2. 把活动变得更有挑战性，可以让儿童在教室里自己做一个物体，然后画出从不同的方向看上去的样子。

艺术表现

教师指导为主

小组／大组活动

做教室模型 ZUO JIAOSHI MOXING

目标：

做一个按比例缩小的教室模型

核心要素：

- 立体表现能力
- 感知空间关系

材料：

- 小盒子、硬纸板、布片、胶水、硬纸盒
- 记号笔或蜡笔
- 废旧物
- 剪刀、胶带

步骤：

1. 和几个儿童一起画一张教室的草图，引导他们辨认教室的特征（教室里有门、窗、桌、凳、讲台），完成后让这些儿童把教室的情况讲给全班同学听。

2. 剪下硬纸盒的顶面做教室模型。把班级分为几个小组，分给每个小组一些制作教室中某种物品的任务。比如，某一组负责修剪盒子（剪出门、窗，挂上黑板），另一组做桌凳（参见语言活动中的"用教室模型讲故事"等活动），还有一组做装饰品，剪下教师和同学的照片贴在木板上。

3. 就教室模型举行一次简短的谈论。说明教室模型虽然比真正的教室小，但其中物体间的比例关系一样。比如，椅子比桌子小，门比窗要高。可以用模型与实物的关系向儿童说明比例的概念。例如，教室里的木柜子是纸盒的 6 倍，那么教室模型中的柜子和盒子的比例也应当是 6∶1。

4. 鼓励每组儿童用一段时间思考并进行设计，考虑如何选择材料来做房间里的某个部分。教师应和每组儿童一起活动，促使他们制作的比例恰当，并在必要时给予指导或建议。

5. 让每组儿童选择一种典型的教室里的物品放入模型。

其他活动：

1. 让每个小组做一个教室模型。

2. 让每个儿童做一个桌子模型或教室里任何一件物品的模型。

3. 给每个儿童一张标签（或一张小彩纸片），让他们把标签做得容易辨认，做好后藏在教室的某处。然后，给每个儿童一张教室地图，让他们在这张地图上正确地标出藏标签的位置，以便自己的朋友可以找到标签。地图上要标明从朋友的课桌到标签所藏之处的路径。最后，让朋友用这张地图找到标签。这样的活动可以作为教室模型的导入性活动或补充性活动。

艺术创作及技巧

建立艺术夹 JIANLI YISHUJIA

目标：

制作并装饰一个大的艺术夹，用来收集自己的原创作品

核心要素：

- 对装饰布置的兴趣
- 运用想象
- 思考能力

材料：

- 大张的牛皮纸
- 大的胶带
- 剪刀
- 记号笔和蜡笔

步骤：

1. 和儿童谈谈艺术夹，讨论为什么画家要做一个可以收藏自己绘画作品的、具有自己个性特征的、装饰得很好看的画夹。

2. 帮助儿童把两张大的牛皮纸叠起来，粘住三边，开口的一边（顶边）像一个大的信封口，做成画夹。

3. 儿童可以在画夹封面上写上自己的名字。在必要时教师给予帮助，向儿童说明可以用彩笔按自己喜欢的方式装饰画夹。如果他们需要提示，教师可以建议他们画一张自画像、自己的家、居住的建筑和喜欢的动物（真实的或想象的均可）等。

4. 让儿童经常思考他们画夹中收集的作品。建议他们从以下的主题进

行思考。

- 最喜欢哪些画？最不喜欢哪些画？为什么？

- 哪两幅画看起来最不相同？为什么会不同？有没有一点点相同？

- 为什么自己的画会随时间发生变化？

- 对自己已经了解了什么？

艺术创作及技巧

教师指导为主
大组活动

调 色 TIAOSE

目标：

学习尝试调色

核心要素：

对颜色的敏锐感知

材料：

- 投影仪
- 平面透明的盘子或玻璃器皿
- 滴眼器
- 各色颜料

步骤：

1. 在手指画活动中让儿童试着调色。谈谈周围各种美丽的颜色，告诉他们怎样用红、黄、蓝三原色调出这些颜色。让他们先用两种原色调出一些新的颜色，例如橘黄、青绿、紫色。鼓励他们说说自己怎样调出颜色，并写下所用的原色和调出的新的颜色。

2. 告诉他们另一种调色的方式。用投影仪聚光到屏幕或白墙上进行调色。先放一只平面透明的玻璃盘或幻灯片在投影仪上，用眼药水瓶把颜料滴在上面。先滴一滴红色，然后加上黄色。每次滴入一种颜色时都将它们调匀，形成一种新的、令人兴奋的颜色。

3. 儿童可以轮流用滴眼器加色。在混和之前，用白纸巾把颜料从盘子上吸走，这张纸就可以作为画展出了。

4. 儿童可以做一张表格记录一下哪些颜色混和时会产生哪种新的颜色。

把这个表格和他们的手指画作的记录做对比，也可重新试验并修正表上的记录。

其他活动：

1. 帮助儿童制作蛋彩的配色表。给每个儿童一个小空杯和两个小杯，每个杯里盛一种原色、一支画笔、一张纸、一支笔。让他们在纸的左右两边画上样色，标上名称。把等量的颜料倒入空杯混合。每个儿童调了什么新的颜色，让他们把结果写在表格上给大家看。

接下来，让儿童以 2：1 的比例混合两种颜色，得到第三种颜色。比如，两勺红色与一勺黄色调出橘红色，两勺蓝色加上一勺黄色调出蓝绿色。儿童可以在配色表上记下调出每种颜色时所加的颜色的数量（勺数或杯数）之比，以此表明所加颜色的比例。

2. 在窗台边或台灯下放一个装有温水的大的透明塑料杯。儿童单独或组成小组，用滴眼器把颜色滴入瓶中，看着彩滴优雅地扩散下去，然后慢慢地混和。这个活动易于清理，便于为下次或下一组活动做好准备。

艺术创作及技巧

教师指导为主

小组/大组活动

纸巾拼画 ZHIJIN PINHUA

目标：

　　尝试用颜色表达情感

核心要素：

- 构图的能力
- 运用颜色的能力
- 表现力

材料：

- 几种颜色的纸
- 8.5 英寸宽、11 英寸长的纸
- 胶水（与水混合）
- 剪刀
- 几支画笔

步骤：

　　1. 引导儿童讨论情绪和情感以及它们与颜色的关系。教师可以告诉他们在欧洲的文化传统中，蓝色有时代表悲伤；人们在参加葬礼时往往穿黑衣服；在喜庆的日子，如过生日时，则穿得比较艳丽。

　　2. 把全班分为几个小组，然后给每个小组一盒彩纸，让他们选择一种最能代表他们心情的纸巾。

　　3. 让儿童把纸巾剪或撕成各种大小和形状的小片，提示他们先在桌面上尝试做设计，并讨论儿童用碎片所创造的形状。

　　4. 告诉他们一些对自己的构型觉得满意的方法。比如，可以把衬纸涂上稀湿的胶水，然后贴上纸片。提醒儿童可以用笔多涂一些胶水，把纸巾粘得牢些。

5. 让儿童注意纸巾湿后发生的变化。问他们这样的问题：

● 纸巾湿后是不是变得比较透明？为什么？

● 把黄色、蓝色的纸巾叠在一起，看到的是什么？是不是看到了一种新的颜色？把红的和蓝的叠在一起会是什么颜色？黄色和红色相叠呢？

● 能不能用这些新的颜色来表示你的心情？

6. 当完成拼图并晾干后，挂在教室里，问儿童：

● 这张拼图代表什么情绪？你看到别人的拼图能不能说出他们的心情？

● 在拼图中，哪些颜色是来源于其他几种颜色的混合？

● 画中的线条给人什么样的感觉？忙碌，平静，紧张，脏乱还是整洁？

其他活动：

此活动可以作为多元文化教育活动。不同的文化对颜色的理解和运用有所不同。如果班里有来自各种文化背景的儿童，让他们问问自己的父母，他们的文化中哪种颜色代表欢乐，代表悲伤、害怕、死亡的颜色分别是什么。可以让全体儿童进行一次家庭调查，并对比调查结果。

艺术创作及技巧

教师指导为主

小组活动

自制贺卡 ZIZHI HEKA

目标：

　　设计并画贺卡，探究绘画设计

核心要素：

- 装饰和设计的感觉
- 构图能力
- 探讨运用颜色

材料：

- 蛋彩
- 5英寸的打印筒、黄油刀等雕刻工具
- 手工
- 蜡纸
- 用于印刷设计草图的草稿纸
- 标准信封

步骤：

　　1. 和儿童讨论传统的、为特殊事情发送的贺卡。问他们："什么时候人们互赠贺卡？你有没有为一件特别的事寄过贺卡？"告诉他们将做一个印模，就像橡皮印那样可以重复使用，这样就可做许多卡片。强调儿童要把自己设计的图案印到卡片上，因为他们所设计的东西要用很多次，所以必须认真仔细。

　　2. 示范以下几个步骤：先给他们几张能放到标准信封里的纸，在这些纸片上演示怎样画贺卡的图案，说明简单的图案比复杂的图案印得清晰。让他们不断地画，直到自己满意为止。

3. 接下来，帮助儿童贴一张蜡纸在画好的图案上，用黄油刀模刻下来，把蜡面从蜡纸上撕下来以便颜料渗出。这样，蜡纸就可以作为印模了。

4. 演示怎样裁剪手工纸，使它一折以后可以放入信封，做成贺卡。教师可以用各式各样的手工纸做很多模板。

5. 每个儿童把蜡纸放在卡片上。帮助他们把印刷筒在颜料上滚动后均匀地涂到蜡纸上，把蜡纸拿起来，印模上的图案就印在卡片上了。让儿童再用几张卡片重复这一过程。

注意事项：

1. 如果印在卡片上的图案不清楚，要用小刀把印模上的图案刻深些。如有必要，甚至可以在蜡纸上再刻清楚些。

2. 这个活动可以安排在庆贺节日或迎接新年时进行。如果合适，也可以作为引入多元文化主题的活动。

3. 这个活动可以拓展为两节课或数天。第一天做印模，剪好卡片纸，第二天印出。

艺术探究

教师指导为主／儿童活动为主

小组／大组活动

自然风景拼图 ZIRAN FENGJING PINTU

目标：

探究如何利用自然物品，精心安排和模拟设计自然场景

核心要素：

- 创造性地使用材料
- 构图和设计图样

材料：

- 每人一个午餐袋
- 一个有透明盖子(或用透明的盒子)的浅盒
- 长条胶带
- 构图纸
- 剪刀

步骤：

1. 到户外散步，为每个儿童准备一个袋子。在讨论季节的特征时(如树叶的颜色、草的高矮等)，让儿童收集一些自然物品(如小树枝、树叶、石头、杂草等)。在散步之后，让儿童谈谈看到了什么，收集了什么。

2. 给儿童一个盒子，让他们把收集到的代表季节特点的或者特定地点(如森林、草地)的自然物整理好装在盒子里，再找一些可能要用的日常用品(如豆子、谷粒等)。用手工纸做成他们无法收集到的东西，如太阳、小鸟等。

向儿童说明自然物品的颜色和形状常常受风、雨、阳光等的影响。因此，在一幅场景中的草最好全部向某一边侧，像被风吹那样，这样看起来会

更加自然。花、草都是葱郁的一边朝着太阳光。看看儿童能拼出哪些其他类型的自然景物图及他们是怎样运用材料达到满意的效果的。

3. 在儿童做成了自然风景后，让他们把盒子盖上，或用塑料纸把整个盒子包起来系紧，在背后贴上长条胶带，鼓励他们为自己的作品取名。

4. 让儿童展出他们的风景作品。

艺术探究

木　偶 MUOU

目标：

　　用不同的材料做各种木偶

核心要素：

- 创造性地使用材料
- 尝试设计感觉

材料：

- 塑料泡沫
- 医用压舌板
- 土豆（用来做木偶的头）
- 纸袋子、填料（草纸或泡沫）
- 织物、纽扣、短袜
- 废旧物
- 颜料、纸

步骤：

　　1. 和儿童集体讨论制作木偶的方法。如果他们会看书，让他们到图书馆查寻各种做木偶的办法，然后列出所需物品的清单。帮助他们了解哪些东西在教室里能够找到，哪些需要补充。

　　2. 在讨论时让儿童自己决定木偶的颜色、支架、衣着、特点及面部表情。鼓励他们用各种材料，采用新颖的方式来做木偶的头发、衣服和各种木偶。建议他们先做一个草样，以便进行设计。

　　3. 给他们足够的时间做木偶。

4. 木偶做好后，让他们说出制作的过程和木偶名称（如木偶叫什么）。

5. 第二天，让他们做一个与前一天不同的木偶（用同样的或不同的材料均可），并再次谈论自己的制作过程。

注意事项：

建议将本活动延展为 2～3 个时段。

艺术探究

教师指导为主

小组/大组活动

吸管吹画 XIGUAN CHUIHUA

目标：

探索运用中介物——吸管——所能达到的艺术效果

核心要素：

- 创造性地使用材料
- 构图
- 表现力

材料：

- 用水稀释的蛋彩
- 汽水吸管
- 光滑的纸
- 漂洗吸管的水盆

步骤：

1. 引入活动时先示范把吸管中的颜料吹到纸上形成图案。给每个儿童一张光滑的纸、一根吸管。教师演示用吸管蘸一蘸颜料，然后用手指塞住吸管的顶部，让颜料停在里面。

2. 接着，演示将颜料怎样吹到纸上，让儿童照着做。向他们说明利用大气压可以控制吸管里的颜料，因而能自由创作抽象画。

3. 告诉儿童他们可以边吹吸管边拉动纸，这样可以创造出很多图案，比如旋涡。但是不要用吸管直接在纸上拉动颜料，只利用空气对颜料的作用来进行创作。向他们说明怎样拉动纸，从而改变颜料下落的方向。

4. 清洗吸管后再做一次，滴另一种颜料到纸上，让第二种颜料与第一种颜料有重叠的地方，看看会显现出什么新颜色，形成了什么样的形状。

5. 与儿童一起边做边谈论这些活动。鼓励他们提问和对别的儿童的作品做出回应。谈论的主题可以是：

- 你吹出了什么形状？什么线条？
- 你对自己的作品感觉怎样？
- 纸上滴下第一种颜料后，图形有没有变化？有什么变化？为什么会这样？
- 你对吹颜料构成的图形有何感觉？
- 如果做出的图形什么也不像——从来没有见过，怎样描述它呢？
- 你会不会吹出设计好的图画？

注意事项：

特别注意提醒儿童不能把吸管中的颜料吸进嘴里。

艺术探究

教师指导为主

小组活动

线　绘 XIANHUI

目标：

探索运用中介物——棉线——所能达到的艺术效果

核心要素：

- 对艺术构形（线条、形状、颜色等）的敏锐感知
- 构图能力
- 表现力

材料：

- 马尼拉纸
- 14 英寸的棉线
- 蛋彩（如果必要，用水稀释）
- 浅盘
- 牙签

步骤：

1. 儿童可以按下面提供的步骤用线作画，当然如果教师先做示范，效果会更好。两手拿着线的两头，去蘸颜料。如果线浮在颜料上，用一只手拿牙签把它按下去。

2. 让他们把线从颜料中提起，放在纸上。

3. 将纸对叠，盖住线。一只手轻轻压，同时另一只手把线抽出。

4. 让儿童打开纸，看看印出的两个印，鼓励他们谈谈自己的作品。

5. 如果儿童愿意，鼓励他们继续用同一种或换一种颜料重复前面的活动。

6. 完成几幅作品后，讨论以下的问题：

- 你看见了什么图形？觉得怎样？

- 这些形状及线条使画看起来怎样？是凌乱、安静、祥和、生动、紧张、脏乱，还是整洁？

- 你能用线作幅画，让它看起来像火山、像风暴、像发怒或像快乐吗？

- 你还能用线创作什么？

带回家的活动

身边的形状 SHENBIAN DE XINGZHUANG

目标：

发现和探究自然界中的物品或人造物品的基本构型

材料：

- 纸
- 蜡笔或记号笔

注意事项：

这个活动可以帮助儿童发展仔细观察周围环境中的图案及形状的能力，儿童在活动中将练习做出各种形状。

步骤：

1. 让儿童发现身边的正方形、长方形、三角形、圆形、椭圆形和半圆形。这些形状可以改装成钟面、窗框、山峰等。看看儿童能够找出多少类似的形状。

2. 让儿童画物体和勾形状的轮廓。

3. 接下来可以要求孩子在杂志的照片中认出或剪下各种形状。

分享：

儿童可以将自己画的画带到班级里给同学看，或贴在学校的宣传板上。

带回家的活动

各种质地的材料　GEZHONG ZHIDI DE CAILIAO

目标：

熟悉并复制周围环境中的不同质地的材料

材料：

- 纸
- 蜡笔
- 各种不同质地的材料（如砖、沙、石头、树皮等）

注意事项：

儿童见到每一样东西都想去感觉一下，因而成人可以利用他们的这一特点，用艺术作品训练他们的感知。

步骤：

1. 带儿童在房间里走几圈，让他们闭上眼睛，试着摸各种物品——毯子、瓦片、砖头、小草、干树皮，并引导儿童注意自己的感受。

2. 在每样东西上铺一张纸，让儿童用蜡笔在上面来回涂，直到纸上显现出图案来。帮助他们标记每一张拓印，便于今后查找。

3. 可以把拓印贴在纸板或海报板上做一个图表或者订成册。让他们说说自己是根据什么将拓印存放起来的，如质地、颜色或大小等。

分享：

儿童可以把拓印册（图）拿到班级里与同学一起看。或者将拓印图册上的标记去掉，重新写在一张张纸上，让班级里的同学把写在纸上的名称与拓印图搭配起来看。

带回家的活动

各种质地的创作艺术 GEZHONG ZHIDI DE CHUANGZUO YISHU

目标：

帮助儿童运用他（她）对质地的知识，创造性地用一些有纹理的材料拼成抽象或写实的图案

材料：

- 纸
- 蜡笔或记号笔
- 待用的各种质地的物品（如棉球、线、树皮、砂纸等）

注意事项：

对物的感知和用不同质地的物体拼图的方式可以帮助儿童在自己的作品中运用有纹理的物体。看看儿童表征日常物品的能力以及他（她）分辨新图形的能力是如何发展的。

步骤：

1. 让儿童收集户外及周围不同质地的物品，如树叶、沙、草、海绵、布块等。

2. 让儿童想想用什么方法将这些东西构成一个图案，并能从图上看出来这些东西来自何处。比如，儿童用树叶和树皮拼成一棵树，或用小石块砌成山。

3. 让儿童用物品作一幅模拟的图，比如，用棉球做云朵，用砂纸做沙滩，或用撕开的纸片、布片做某样东西。

分享：

把儿童拼的图挂在教室里或给教师、同学及朋友看。还可以让儿童把收集到的一袋东西提供给其他同学做拼图。

资源和参考资料

Barnes，R. (1989). Current issues in art and design education: From entertainment to qualitative experience. *Journal of Art and Design Education*, 8(3), 247-255.

Cherry, C. (1972). *Creative art for the developing child*. Carthage, DE: Ferron Teacher's Aids.

*Cohen, E. P. & Gainer, S. R. (1984). *Art: Another language for learning*. New York: Schocken.

Engel, B. (1995). *Considering children's art: Why and how to value their works*. Washington, DC: National Association of Education for Young Children.

Gardner, H. (1980). *Artful scribbles: The significance of children's drawings*. New York: Basic Books.

Hart, K. (1988). *I can draw*! Portsmouth, NH: Heinemann.

Hart, K. (1994). *I can paint*! Portsmouth, NH: Heinemann.

*Haskell, L. L. (1979). *Art in the early childhood years*. Columbus, OH: Merrill.

*Herberholz, B. (1974). *Early childhood art*. Dubuque, IA: W. C. Brown.

*Ingram, B. K. (1975). *The workshop approach to classroom interest centers*. West Nyack, NY: Parker.

Kohl, M. (1989). *Mudworks: Creative clay, dough, and modeling experiences*. Bellingham, WA: Bright, Ring.

Kohl, M. & Potter, J. (1993). *Science arts*. Bellingham, WA: Bright Ring.

Lasky, L. & Mukerji-Bergeson, R. (1980). *Art: Basic for young children*. Washington, DC: National Association of Education for Young Children.

*Linderman, E. & Herberholz, B. (1970). *Developing artistic and perceptual awareness: Art practice in the elementary classroom* (2nd ed.). Dubuque, IA: W. C. Brown.

Rowe, G. (1987). *Guiding young artists: Curriculum ideas for teachers*. South Melbourne, Australia: Oxford University Press (distributed by Heinemann, Portsmouth, NH).

Schirrmacher, R. (1988). *Art and creative development for young children*. Albany: Delmar.

* Stephens, L. S. (1984). *The teacher's guide to open education*. New York: Holt, Reinhart, & Winston.

* Thomas, J. (1990). *Masterpiece of the month*. Huntington Beach, CA: Teacher Created Materials.

Venezia, M. (1993). *Getting to know the world's greatest artists: Georgia O'Keeffe*. Chicago: Children's Press.

Wilson, B. & Wilson, M. (1982). *Teaching children to draw: A guide for teachers and parents*. Englewood, NJ: Prentice Hall.

* Wolf, A. (1984). *Mommy, It's a Renoir*! Available from Parent Child Press, P. O. Box 675, Hollidaysburg, PA 16648(814-696-5712).